神鸟起舞：
金沙太阳神鸟与太阳崇拜的文化解读

SHENNIAO QIWU：JINSHA TAIYANG SHENNIAO
YU TAIYANG CHONGBAI DE WENHUA JIEDU

何一民　等编著

项目策划：王　军　段悟吾　杨岳峰
责任编辑：青于蓝　喻　震
责任校对：周　颖
封面设计：墨创文化
责任印制：王　炜

图书在版编目（CIP）数据

神鸟起舞：金沙太阳神鸟与太阳崇拜的文化解读／何一民等编著．—成都：四川大学出版社，2021.6（2024.7重印）
　ISBN 978-7-5690-3987-0

Ⅰ．①神… Ⅱ．①何… Ⅲ．①巴蜀文化－祭祀遗址－太阳神崇拜－研究－成都 Ⅳ．① K873.711.4 ② B933

中国版本图书馆CIP数据核字（2020）第232890号

书　　名	神鸟起舞：金沙太阳神鸟与太阳崇拜的文化解读
编　　著	何一民　等
出　　版	四川大学出版社
地　　址	成都市一环路南一段24号（610065）
发　　行	四川大学出版社
书　　号	ISBN 978-7-5690-3987-0
印前制作	四川胜翔数码印务设计有限公司
印　　刷	四川盛图彩色印刷有限公司
成品尺寸	170mm×240mm
印　　张	12.25
字　　数	213千字
版　　次	2021年6月第1版
印　　次	2024年7月第2次印刷
定　　价	68.00元

版权所有　◆　侵权必究

◆ 读者邮购本书，请与本社发行科联系。
　电话：(028)85408408／(028)85401670／
　(028)86408023　邮政编码：610065
◆ 本社图书如有印装质量问题，请寄回出版社调换。
◆ 网址：http://press.scu.edu.cn

四川大学出版社
微信公众号

天府文化系列丛书
编纂工作机构

一、编纂委员会

名誉主任 杨泉明 四川省社科联原主席、教授
　　　　　 杨继瑞 成都市社科联名誉主席、教授

主　　任 李后强 四川省社科院原党委书记、成都市社科联主席、教授
　　　　　 姚　凯 成都市社科联（院）一级巡视员

副 主 任 熊　平 成都市社科联（院）副主席、副院长
　　　　　 李　好 成都市社科联（院）副主席、副院长

成　　员（按姓氏笔画排序）：
　　　　　 王　川 四川旅游学院党委副书记、院长、教授
　　　　　 王　苹 中共成都市委党校原副校长、研究员
　　　　　 朴钟茂 韩国学者
　　　　　 刘平中 成都师范学院研究员
　　　　　 刘兴全 西南民族大学艺术学院院长、教授
　　　　　 许蓉生 成都市社科院历史与文化研究所研究员
　　　　　 李　菲 四川大学中国俗文化研究所副所长、副教授
　　　　　 何　平 四川大学历史文化学院教授
　　　　　 何一民 四川大学城市研究所所长、教授
　　　　　 黄宗贤 四川大学艺术学院教授
　　　　　 彭邦本 四川大学历史文化学院教授
　　　　　 舒大刚 四川大学古籍所所长、教授
　　　　　 谭　平 成都大学文学与新闻传播学院教授、天府文化研究院院长

二、专家指导委员会

谭继和　巴蜀文化学者、四川省社科院研究员

熊　瑜　四川大学出版社原社长、教授

段　渝　四川师范大学巴蜀文化研究中心主任、教授

陈廷湘　四川大学历史文化学院教授

李　怡　四川大学文学与新闻学院院长、教授

苏　宁　四川省社科院文学与艺术研究所研究员

三、编务组

尹　宏　成都市社科院经济研究所所长、研究员

冯　婵　成都市社科院历史与文化研究所所长、副研究员

孙　艳　成都市社科院历史与文化研究所副研究员

李单晶　成都市社科院历史与文化研究所副研究员

张羽军　成都市社科院历史与文化研究所助理研究员

总 序

谭继和

天府文化是在中华广域文化共同体内，植根于巴蜀文明沃土而生长起来的奇葩满枝、蓉花似锦的地域文化常青树。她有百万年以上的文化根系，由"肇于人皇，与巴同囿"，源于秦陇古羌的上万年的文明起步，有4500年以上"都广之野""优越秀冠"的农桑文明的发展历程，具有城乡一体、神韵独特、历时弥久、与时俱进，不断进行创新性转型和发展的特征。

天府文化是从"天府之国""天府之土"得名的。"天府"一词最早源于《周礼·天官》，天官管理王室祖宗牌位、宝器和图书的阆苑被称为"天府"。后来，民间就把沃野千里、物产丰盈的土地称为"天府之国"。最初"天府"是指周、秦和汉初的京师关中之地，也包括视同京畿的汉中平原和成都平原。到汉代中期，特别是东汉以后，"都广之野"被开垦为优越秀冠、天下第一的农桑文化之地，于是"天府之国""天府之土""天府陆海"这些称呼，就成为以成都为中心的巴蜀一方独享的光辉桂冠了。时至今日，天府文化的文脉已经发展演变了四千多年，经历了六大发展阶段。

一、天府农桑文明起源和形成阶段

巴蜀人是从秦陇古羌发展来的。古羌人在7000年前从秦陇、河湟地域分两支向南迁移。天水秦州大地湾6000年前的新石器时代遗址，就是他们的根据地。其中，向东移徙的一支，以伏羲氏为祖先，由黄帝系高辛氏部族集团迁徙发展到秦岭和秦巴山地，直到汉水、武陵源，是为巴人，以游牧渔猎为业，后来才发展起农业。向西移徙的这一支，从秦陇到岷山，直到都广之野，是为蜀人，以产牧为业，"蜀之先，肇于人皇之际"，以黄帝系高阳氏部族集团为祖先。从今已发掘的茂县营盘山遗址、什邡桂圆桥遗址、成都平原宝墩文化六座古城遗址，再到三星堆遗址、十二桥文化金沙遗址、新都马家大墓和彭州竹瓦街遗址、羊子山土台遗址，直到商业街战国船棺葬遗址、岷山饭店遗址，这就是蜀人从岷山、岷江走入都广之野的发展之路。《史记·天官书》专门有记载："中国山川东北流，其维首在陇蜀，尾没于勃碣。"蜀人就是在这样优越的地理环境中逐步创造出高级农业文明来的，进而形成古蜀方国。天府文化就是这样起源的。

这个阶段有三大特征：

一是"都广之野"经"水润天府"发展为中国三大农业起源地之一，并且成为中国高级农业发展的一个重要中心。它的初曙起于成都平原宝墩文化六座古城遗址所展示的"古城"中心聚落开始的时代。这些遗址所创造的农业文化都是在森林和林盘围绕的农业聚落中发展起来的。今天的天府人享受的以小桥流水、竹林茅舍为特点的"林盘仙居"人居方式和"逍遥自在似神仙，行云流水随自然"的生活方式，就是宝墩文化奠定的基础。

这一阶段的辉煌时代则是以三星堆为标志性符号的古蜀青铜文明时期。三星堆是富有神奇生态、神秘文化、神妙心灵的古蜀文明的结晶，尤其是从1号到8号祭祀坑的新旧发掘，展现出的光芒震惊世界，不同凡响。一方面，它既有中原文化传来的圆头方尊、顶尊跪坐人像和顶尊跪坐女神像、簋、簠等礼器，表明它是在中原礼制文化影响下发展起来的，是以"河洛古国"为根的中华广域文化共同体的一部分。它为天府文化的发展和转型，留下了"心向中原"的根脉。另一方面，它又有自己独特的地域神韵。高大的青铜神像、青铜面具、青铜神树、各型青铜鸟、黄金面罩、黄金杖，以及人面鸟身、线刻羽人和太阳神鸟图案，又展现出巴蜀祖源崇拜中独有的羽化成仙的浪漫梦想特征。古蜀文明重仙、重神器的浪漫主义特征与中原文明重礼、重礼器的现实主义特征，在三星堆那里得到完美会通和融合，为天府文化留下了理想精神与现实奋斗精神相结合的三千年文脉。

总之，以宝墩文化与三星堆文化为代表的古蜀文明，早在文明启蒙时代就已是长江文明的生长点，是长江上游古文明起源和发展的中心，是以岷山、岷江为文化地标的"江源文明"诞生的摇篮，是孕育锦江文明的源头，是培育天府文化之根和魂的肥壤沃土。

二是天府丝绸成为培育中华丝绸文明的重要基础。丝绸文明是中华文明的特色。它的起源在中华大地上如满天星斗，多地域、多源头而又同归于黄帝嫘祖一脉，具有"多源一脉"的特征，而巴蜀是其重要的发源地。

早在《山海经·海外北经》就有"欧丝之野"的记载,说跪据桑树的女子发现野蚕咬桑呕丝,可以丛养缫丝。"欧丝之野"指的就是"都广之野",这是天府养蚕缫丝最早的文献记载。五帝时代,黄帝嫘祖一族与蜀山氏世代联姻,嫘祖之子昌意娶蜀山氏女昌仆。昌意之子韩流娶蜀山氏女淖子,生高阳氏颛顼,高阳为"五帝"之一。高阳孙子大禹生于西蜀羌乡,娶巴蜀女子涂山氏。大禹后裔君主季杼从中原回归蜀山石纽祭祖,"术禹石纽,汶川之会"。夏朝末代君主夏桀娶岷山庄王二女婉和琰。这些史料均说明从五帝时代到整个夏代,蜀山氏与黄帝嫘祖部族的高阳氏集团长期联盟,互为姻亲。蜀山氏集团后来出现的古蜀第一位有名字的先祖是蚕丛,蚕丛即蜀山氏部族对其首领作为栽桑丛聚养蚕技术发明者的尊称。其祖地在岷山蚕陵,后迁到成都平原,双流牧马山是他的祖源文化地标符号。而与蜀山氏联姻的高阳氏则给蜀山氏带来了嫘祖缫丝织绸的绝妙技术。嫘祖的"嫘",有女性缫丝累结一团之意,是轩辕氏部族对最先发明缫丝织绸高超技艺的母系领袖的尊称。蚕丛氏的栽桑养蚕技术与嫘祖族的缫丝织绸技术完美结合,广泛应用于都广"欧丝之野",这就是从岷山到成都平原一带中华丝绸文明培育和出现的历程。2021年3月20日,"考古中国"重大项目进展会通报,在三星堆4号祭祀坑的灰烬层中新发现了丝绸蛋白的痕迹,联想到三星堆青铜立人像飘逸垂裳的丝衣形象,这就是从五帝时代到夏商周时代天府丝绸发明和传承的实证。汉代出现的"蜀锦""蜀绣"则进一步传承发展了五帝至夏商周时代天府丝绸的根脉与基因。

三是茶文化也发祥于天府文化起源阶段。早在巢居渔猎时代,蜀人就发现嚼吃茶树叶可以代替盐调味,由此最早发现了茶树。到西汉,吴理真首次人工种植蒙顶茶树。由嚼茶到煮茶,遂逐渐形成蜀人敢为人先的精神。"茶"字在中唐以前还没出现过。有关茶的各种字词,最早都出现在蜀方言里,如"荈"(音"接")(司马相如《凡将篇》)、"荼"(《诗经·谷风》"谁谓荼苦,其甘如荠",疏"蜀人作茶"。宋苏轼:"周诗记苦荼,茗饮出近世。")、"槚"(《尔雅》)、"蔎"(扬雄《方言》:"蜀西南人谓茶为蔎。")等。"茗"字出现在唐宋时期,也指茶叶,因茶叶经煮之后发出香味,蜀人方言叫"mɯn-mɯn",遂写作"茗"。这些例子都证明茶之源在蜀。到汉唐时代,饮茶"冠六清"已成为巴蜀民间习俗。最早的盖碗茶、最早的茶馆僧寮和文武茶道,都诞生在巴蜀。

二、秦汉魏晋时期天府农桑文明发展到"优越秀冠"阶段

《战国策》首讲"天府"称号，指以关中八百里秦川为中心，包含京辅、汉中与蜀中三大平原区域。东汉以后，最早记载巴蜀是"天府之土"的文献是陈寿的《三国志》，到班固作《西都赋》时，则干脆不把"天府"桂冠戴在关中头上了，而是讲关中还差了一点，只能说是接近"天府"，从此，"天府"之号便移到了四川头上，沿用至今。

这一阶段天府文化最大的特征有三：一是天府农桑文化获得创新性的转型升级，成为美丽乡村生态与"既丽且崇"的城市文态相结合的标本，也是中华城乡一体农桑文明发展的"首席提琴手"，千里沃野，物产丰盈，不知饥馑，享有"天府陆海"的专称。当时的成都已发展成仅次于长安的全国第二大城市，"列备五都"，建立起了巴蜀城乡一体化的以成都为中心的大小城镇商业网络体系。二是江源文明孕育了天府丝绸，而天府丝绸反过来推动了秦汉锦江文明的发展，出现了蜀锦、蜀绣的品牌专称。成都也成为与临淄、襄邑比肩齐名的全国三大丝绸中心之一。"锦江""锦里""锦官城""锦城"这些美名，皆因江水洗濯蜀锦特别鲜明好看而得来，其地标符号一直留存至今。司马相如的大赋被称为"锦绣文章"，也是因为司马相如善于观察和学习蜀锦工匠的高超手艺，写出了文如锦绣、音韵神来的典范作品。成都老官山汉墓出土了4座高楼双峙织锦机与14个纺织工匠木俑，这是世界上发现最早的提花织机，沿用至今。新疆民丰县尼雅墓地出土的织有"五星出东方利中国"字样的蜀锦肩膊，体现了汉代成都人善于以丝绸为宣传手段，向丝绸之路沿线宣传中华大一统理念的"文化创意智慧"。总之，蜀锦、蜀绣在秦汉时期已成为成都以丝绸之路为平台进行国际交流的代表性产品。三是"文翁倡其教，相如为之师"。文翁兴教化蜀创石室与讲堂，他既是地方公学与"文庙官学"的创始人，又是传承孔子私学传统，以"温故"与"时习"二讲堂开启后世书院之学的创始人。文翁教化的结果是将巴蜀本土文化转型升级为国家主流之学，成为以儒为本、以"儒化中国"为主旨的蜀学的滥觞，后来蜀学与齐鲁之学比肩发展，蜀地出现司马相如、扬雄等大文学家，这是天府城市精神文化的第一次飞跃发展。

三、唐宋时期天府经济大发展、文化大繁荣阶段

这一时期的唐剑南西川与宋川峡四路是全国最富庶的地区之一，是唐宋两朝重要的财源地，时有"扬一益二"之称。反观当时欧洲很多城市已逐渐衰落，成都则发展成当时世界财富聚集与经济文化繁荣的国际化大都市，已经是"天下第一名镇"（卢求《成都记》）。这一时期经济文化最亮眼的成就，是雕版印刷术起源于成都。宋代《开宝大藏经》在成都首次结集印制。道藏也由杜光庭第一次结集。儒家的《九经》在五代时期得以结集印刷，表明儒释道三教融会潮流在天府兴起。城市商业已突破了传统坊市制度，商人们破墙开店、临街设店成为新的商业风习。随着通向长安的"蜀道网"的兴起，成都作为西部土特产集散中心，发展出以"十二月市"为标志的自由集市和专业性的手工作坊街道。货币史上的划时代变革，则是在唐代交易信用券"飞钱"基础上，于宋初发明和使用纸币"交子"，这是世界上最早使用的纸币。

唐宋时期天府文学和艺术的发展，成就了成都作为古代东方世界文化之都、书香之都、诗意之都、音乐之都和美术之都的城市形象。陈子昂、李白、杜甫、苏轼、陆游等"秀冠华夏"的文化巨人的出现，进一步强化了"文宗在蜀""表仪百代"的传统。而薛涛、黄崇嘏、花蕊夫人等一批才女的出现，则是汉唐以后"才女在蜀"文化传统的赓续。"文宗在蜀"与"才女在蜀"的规律性出现与发展，均是巴蜀山川秀气与诗意书香灵气孕育明珠的结果。唐代大慈寺壁画"精绝冠世"，留下了古代东方美学之都的文化基因。蜀派古琴"蜀国弦"和始于巴蜀的竹枝词、前蜀永陵二十四伎乐石刻形象，显示出天府成都管弦歌舞之盛。这一时期成都人观景游乐的特征是游赏习俗的人文化与艺术化，如浣花大游江、小游江，锦江"遨头""遨床"，锦江之畔梨园乐坊选乐伎状元，这是天府旅游发展史上第一次将文化融入旅游习俗。又如孟蜀石经、中国第一部词集《花间集》、唐宋蜀刻本、龙爪本、薛涛笺与十色笺、蜀锦蜀绣以及专为文人考举夜读设计的邛窑省油灯等，是天府书香诗意生活方式普及化而留下的艺术瑰宝。

四、元明清时期天府文化由精英文化转型为城乡平民文化阶段

这一时期天府城市工商业获得了长足发展,"蜀锦、蜀扇、蜀杉,古今以为奇产"(《广志绎》卷五),成为交换苏杭文绮锦绣、山珍海错等"下江货物"的畅销商品。新制蜀折扇不仅用来进贡,而且还行销全社会。岷山的蜀杉木被采伐来修建北京故宫。

这一时期"川味"特色的下层群众文化开始兴盛,其最高成就是由成都"唐杂剧"、元北曲、明南曲、清雅部戏发展而来的花部戏地方剧种之一——川剧。同时,一些著名文人对川剧剧本加以文学性、诗意性改造,出现"五袍、四柱、江湖十八本"等诗化剧本,使川剧由粗糙的市民艺术变为声腔宏富、文辞典雅、俚俗并兼、雅俗共赏、亦庄亦谐的精致艺术,进一步推动了天府市民社会习俗的文雅化、书香化与诗意化。元明清时期天府教育事业也获得了新发展,主要体现为书院制度的创新。元代有草堂书院,明代有子云、大益、浣花等书院,清代有锦江、墨池、芙蓉、潜溪等书院,均驰名全国。社会上兴起的评书、扬琴、古琴、竹琴、金钱板、皮影、木偶、围鼓、口技、相声、清音等,是这一时期活跃于社会群众舞台的重要文化活动。今天四川评出的多种非物质文化遗产,大多产生于这一时期。

五、近代天府文化由古典形态向近代形态蹒跚转化阶段

1840年后,以农桑文明为特征的天府地域文化,在外国资本主义、帝国主义侵入的影响下,受到近代文明的冲击,在阵痛中迈着蹒跚的步伐缓慢地向近代形态转化。特别是19世纪末期和20世纪初期,新旧文化激荡冲突,天府地域文化围绕着对传统文化的破与立、对中西文化的体与用激烈论争的主题,开始了加速转型。其中最重要的六大事件:

一是19世纪末的戊戌维新运动,"是一阵思想的巨浪",开创了地域文化"新的思想意识时代"。1875年四川省城尊经书院创建,倡导"绍先哲,起蜀学"的新风,以湘学巨子王闿运为山长,兼容中学经史与西学时尚,会

通湘学与蜀学，曾培育出以廖平、吴之英、宋育仁、张森楷、刘光第、杨锐以及传承尊经书院文脉的郭沫若、蒙文通、周太玄等为代表的一大批通经致用、新旧会通而又重今文经学传统的新蜀学人才，在四川开启了近代启蒙思想意识发展的新阶段。

二是20世纪初的四川保路运动，它不仅是政治、经济运动，也是文化变革的运动。从旧绅士阶层走出来的城市精英组成立宪派，与下层民众组织的哥老会相结合，"引起中华革命先"（朱德评价语），开启了四川人对西方民主意识的吐纳与民族革命精神新觉醒的历程。

三是五四新文化运动在四川，出现了对"科学与民主"新思潮的追求，先进知识分子则开始了对马克思主义的新探索。1920年四川人陈豹隐在北大首讲"马克思主义经济学概论"，郭沫若在1930年提出以恩格斯《家庭、私有制和国家的起源》为指导，编写《中国古代社会研究》的构想，以填补恩格斯"起源论"没有写中国的"下半页空白"。1922年，王右木首先在成都建立早期党组织。1924年杨闇公、吴玉章在成都成立"中国青年共产党"，开展革命活动。在党的百年奋斗史上，天府四川人以敢为人先的精神做出了杰出的贡献。

四是中国工农红军创建川陕、湘鄂川黔革命根据地，传播红色革命文化火种，建成全国第二大苏区。红军长征过四川，铸就伟大的长征精神。四川是红军长征历程中活动范围最广、历时最长、行程最远、战斗最密集、翻雪山过草地境遇最恶劣的省份，同时也是建立第一个少数民族苏维埃政权——博巴苏维埃政府的地方。

五是抗日战争时期抗日救亡运动在四川兴起，成立各界救国联合会。川军出川抗战，四川人民为抗战做出了巨大的人力、物力和财力贡献。沦陷区大量高校内迁四川，为天府文化注入了新的活力。四川成为大后方民族复兴的根据地和中华文艺复兴的基地。

六是解放战争时期，四川地下党组织在极其严酷的形势下，组织广大爱国学生和人民群众开展各种斗争，迎接四川解放，掀开了四川历史的新篇章。

六、新中国、新时期、新时代七十年天府文化开创新面貌新格局阶段

新中国七十年是社会主义在中国奠基、建立，到开创和发展中国特色社

会主义宏伟史诗进程的七十年,是中华民族从站起来、富起来到强起来的伟大历史飞跃的七十年。1949年新中国成立,社会主义制度在中国确立。1978年党的十一届三中全会开启了改革开放宏伟历程,我国进入开创和发展中国特色社会主义的历史新时期。2012年党的十八大以来,以习近平同志为核心的党中央统揽伟大斗争、伟大工程、伟大事业、伟大梦想,中国特色社会主义进入伟大的历史新时代。在这个新时代的历史方位上,在中国特色社会主义基本架构和四梁八柱已经铸就的基础上,在习近平新时代中国特色社会主义思想指导下,中国人民正进一步完善和发展中国特色社会主义,百年大党,世纪伟业,迎来了实现中华民族伟大复兴中国梦的光明前景。

七十年来,传统的天府文化,伴随着共和国不同时期的成长步伐,在创新性转型为中国特色社会主义文化的过程中,不断书写出新的篇章。新中国成立,解放后的新四川,人民当家作主,社会革故鼎新,天府文化获得创新性转化与创造性发展的机遇。其中,党中央"三线建设"的英明决策,不仅奠定了四川现代工业化的经济基础,而且为巴蜀文化、天府文化优良传统的创新和发展,注入了"三线精神"的优质内涵。进入改革开放新时期,天府四川更开拓出"改革之乡""富民兴川"的社会主义现代化建设的全新局面。社会主义天府文化在新时期也随着改革开放实现跨越式发展,传承巴蜀老祖宗"非常之人"(司马相如语)和"敢为天下先"的精神,助推治蜀兴川再上新台阶。党的十八大以来,天府人深入学习贯彻习近平新时代中国特色社会主义思想和习近平总书记对四川工作系列重要指示精神,认真践行"公园城市"、"构建长江上游生态屏障"、保护发展"从巴山蜀水到江南水乡的千年文脉"等新发展理念,同心共筑中国梦,阔步走进新时代。

成都市秉承上述天府文化四千五百多年文脉传承的基因,于2017年全市第十三次党代会上提出了"弘扬中华文化,传承巴蜀文明,发展天府文化,努力建设世界文化名城"的宏伟目标和塑造"三城三都"的有力措施。当前,成都深入贯彻中央"成渝地区双城经济圈"战略部署,正掀起对成渝巴蜀文化共同体、成渝城市群文化圈和成渝文化旅游走廊研究、推动和构筑的热潮。

从上述天府文化起源、形成、发展和创新的六大阶段,我们可以清晰地看出天府文化四千多年文脉基因的形成和发展历程,它贯穿历史、当下与未来,历史文化与现代文明错综发展,每个历史时代或历史阶段都有创新性转化和创造性发展的硕果。每个时代的天府人都把传承祖宗文脉薪火,开拓天府文化新路，培育和维护这棵天府文化常青树，作为造福当代、泽被后人的历史责任与担当。

当今新时代赋予天府文化新的历史方位和特征，是天府成都人开创社会主义天府新文化新文明的难得机遇。今天总结出的新时代天府文化有四大特征——创新创造、优雅时尚、乐观包容、友善公益，这既是天府历史发展的产物，是天府人历史智慧与历史经验的结晶，也源自当今时代最深刻的需要，是当代天府成都人传承和创建现代天府文明的努力方向。这四个特征都有它的渊源、文脉基因和历史底蕴。

第一个特征"创新创造"是指精神内核。今天的创新创造同历史上的"非常精神"是一脉相承的。早在汉代，巴蜀第一位"天下文宗"司马相如就总结出巴蜀父老具有"非常之人做非常之事成非常之功"的"非常"精神，用今天的话讲就是巴蜀培育出了许多善于创新创造的人才。对这种精神，司马相如给它总结了三大内涵：一是"苞括宇宙，总览人物"的宇宙思维和世界眼光。二是"控引天地"，要有在天地之间自由翱翔、探索宇宙奥秘的浪漫主义梦想精神。三是"错综古今"，善于把古老文明与今天的生活交错、综合、融会，这需要将高超的文化想象力与理念思辨力相结合。司马相如的这些概括，既是对三星堆古蜀人羽化成仙、翱翔宇宙的创造精神的提炼，又启迪了相如之后两千余年蜀人生生不息的浪漫主义文学传统。

第二个特征"优雅时尚"是指天府文化的生活美学与诗意风尚，是创新创造精神指导下的生活方式，也是指天府文化时代价值的生活体验。"优雅"，早在文翁化蜀以后成都就是"好文雅""以文辞显于世""文章冠天下"，出的文坛领袖很多的城市，不仅知识精英追求优雅，即使是城乡居民也以耕读传家为荣耀，以崇时尚、优品质的生活美学价值追求为风尚。

第三个特征"乐观包容"是指天府人的器识胸怀具有乐观开放与和谐包容的特点。它以古蜀人历来信奉的"中庸和谐，乐莫大焉"的理念为哲理基础。它的本质是"怡人文化"。《中庸》讲："诚者，天之道也。诚之者，人之道也。""反身而诚，乐莫大焉。""诚者"是对天地能包容万物的自然规律的认识和信仰。"诚之者"，是指能遵循自然发展规律，并能笃信奉行。有了"诚"的信念并加以"诚之"实践，就可以尽性知天，获得怡人怡己、"乐莫人焉"的最大快乐。

第四个特征"友善公益"是指天府人的情商操守。"友善"是情商，"公益"是品质操守。我们知道，天府文化的学术内核是蜀学。蜀学的本质特征是重今文经学，就是重经世致用，通经济世，公忠体国，友爱善良。诸葛亮、杜甫、苏轼、刘沅、尹昌龄等人就是这方面的典范，他们都是天府文化养育出来的优秀践行者。

如何做一个美好的成都人？这就要从上述精神内核、生活方式、器识胸怀、情商操守四大方面入手，既善于传承古代天府人的精神薪火，又善于开拓创新。孙中山曾赞扬天府人才"惟蜀有材，奇瑰磊落"，"奇瑰"是才智，"磊落"是品格。德才兼备，以明德引领风尚，以才智报效祖国，是天府文化孕育出来的蜀中人才的传统。今天的成都作为天府文化再次辉煌的首选地和首发地，凭借深厚的历史文化优势与优越的地理环境，定能实现建设新型"三城三都"，创建新型世界文化名城的奋斗目标，培育出更多天府文化的合格传承人、新天府文化的优秀建设者。

呈现在读者面前的这套"天府文化系列丛书"就是为阐释成体系、有系统、有特色、有魅力的天府文化，增强对本土文化保持自信的热力，而由成都市社科院精心筹划、深入研究、建立平台、严格挑选出来的。它对于聚集天府文化研究队伍，组织协调海内外研究力量，推动人文与科学的跨学科研究，培育巴蜀文化名家，推出天府精品力作，讲好成都故事，传播成都声音，让人文成都、社科成都勇立时代潮头，开启天府文化新征程，必将起到它应有的作用。作为本丛书的第一读者，我被该丛书的魅力所吸引，为使众多读者能更深刻地认识和理解本丛书的编纂宗旨，领会编者的良苦用心，我谨以个人对天府文化学术体系、概念体系和话语体系的粗浅认识，加上我对这套丛书的粗浅体会，作为序言，以示祝贺、祝福和期望。同时对编者、作者、组织者深表谢意。

2021年4月15日

天府文化系列丛书
编纂说明

成都市第十三次党代会提出"传承巴蜀文明，发展天府文化，努力建设世界文化名城"，让天府文化成为彰显成都魅力的一面旗帜。发展"创新创造、优雅时尚、乐观包容、友善公益"的天府文化，让人文成都别样精彩！

2018年6月，四川省社科联主席杨泉明教授率队来成都市社科联视察调研，提出让我联深入研究天府文化，组织力量编纂天府文化系列丛书的殷切希望。在四川省社科联的关心和指导下，成都市社科联贯彻落实市委第十三次党代会精神以及世界文化名城建设大会精神，创新组织方式，利用成都研究院的新型智库平台，广泛汲取国内外社科界力量，组织各领域研究者，培育巴蜀文化名家，力争推出天府文化精品力作，讲好成都故事，传播成都声音。丛书编纂工作组上下齐心、通力合作，历时三年，终于将"天府文化系列丛书"奉献到读者面前。

本丛书以习近平新时代中国特色社会主义思想为指引，力推天府文化的创造性转化、创新性发展，是加快建设践行新发展理念的公园城市示范区的重大文化工程。丛书从文化交流与传承的视角，在历史、现实、未来三个层面，探寻成都悠久的历史文化积淀，以及独具人文魅力的地域文化特征，对于弘扬中华文明，传承巴蜀文明，发展天府文化，具有深远的历史意义。丛书涉及经济、教育、历史、文化、水利、农业、手工业等多学科领域。在严谨务实的基础上，丛书作者们充分考虑当代大众特别是青少年的阅读习惯，创新写作方式，在确保学术质量和注重社会效益的前提下，努力提升可读性、趣味性和通俗性，做到文字生动、图文并茂，并特别推出了符合青少年读者审美的动漫绘本。丛书还涉及中、英、韩三种语言，既有外国学者用中文描述成都，又有中国学者用英文介绍成都，注重国际传播效果，在一定程度上满足了国外读者的阅读需求，为天府文化走向世界搭建了桥梁。

丛书得以顺利出版，要感谢四川大学出版社的大力支持，以及多位编辑老师的辛苦付出。丛书的组织编纂是成都市社科联围绕天府文化研究进行的探索性实践，难免存在疏误，恳请读者谅解指正。未来我们将会进一步总结经验、增强力量、深化研究，为推动天府文化的繁荣发展做出应有的贡献。

"天府文化系列丛书"编务组
2021 年 3 月

目录

引　言　神舟与神鸟　/1

第一篇　神鸟惊现世：华夏文明再现辉煌

一、发现金沙：开启神秘古蜀国的又一扇大门　/8
二、神鸟奋翼惊艳重现　/15
三、太阳神鸟——古蜀人的太阳崇拜与神鸟崇拜　/18
　　（一）太阳神鸟金饰图案与太阳崇拜　/21
　　（二）太阳崇拜是古蜀先民的原始崇拜　/22
　　（三）太阳崇拜与神鸟崇拜　/26
　　（四）金沙遗址多种形式的太阳崇拜　/27
　　（五）金沙的太阳崇拜与三星堆的太阳崇拜　/28
　　（六）金沙太阳神鸟与古蜀早期历法　/29
四、精湛的手工工艺：太阳神鸟制作的物质技术基础　/33
　　（一）太阳神鸟金箔图案是怎么制作的　/33
　　（二）数量之最的金沙遗址金器　/35
　　（三）古蜀发达的手工业　/38

五、非凡的审美能力和想象力：太阳神鸟的艺术魅力 /41
六、金沙文化的辉煌 /44
　　（一）王者之都 /45
　　（二）西部制造业中心 /48
　　（三）虔诚的精灵 /50
　　（四）朴素的葬礼 /51
　　（五）开放包容的文化 /52
　　（六）金沙文化与十二桥文化 /53

第二篇　光明之天使：中华各地的太阳崇拜

一、远古太阳崇拜信仰的形成 /58
二、远古神话与太阳崇拜 /63
　　（一）盘古开天地 /63
　　（二）"十个太阳"神话与太阳崇拜 /65
　　（三）东君神话与太阳崇拜 /66
　　（四）夸父追日与太阳崇拜 /67
　　（五）拯救太阳的神话 /68
　　（六）"射日神话"与太阳崇拜 /68
三、神树：通往天堂的桥梁 /71
　　（一）扶桑神树与太阳崇拜 /72
　　（二）若木与太阳崇拜 /73
　　（三）建木与太阳崇拜 /74
　　（四）三星堆青铜神树与太阳崇拜 /75
　　（五）中华各地的神树传说 /79
　　（六）世界各地的神树传说 /81
四、太阳崇拜的另类表现 /84
　　（一）龙崇拜：虚拟的伟大神物 /84
　　（二）蛇崇拜：特殊信仰的神物 /88
　　（三）龙蛇崇拜与太阳崇拜 /90
五、考古发掘与蒙昧时期的太阳崇拜与神鸟崇拜 /93

（一）仰韶彩陶日鸟现，大汶惊现太阳图　/93
　　（二）河姆渡口烟波茫，双鸟朝阳光万丈　/94
　　（三）九黎羽民出太湖，金乌负日照良渚　/96

六、文明初开时期的神鸟崇拜　/98
　　（一）从人神合一到天人合一——太阳崇拜的升华　/98
　　（二）黄帝部落与太阳神鸟崇拜　/99
　　（三）少昊之国：鸷鸟图腾　/100
　　（四）夏商神鸟文化的发展　/102
　　（五）精美细致的周代神鸟图腾　/103

七、帝制时期的神鸟崇拜　/106
　　（一）神鸟成为铁血帝国的象征　/106
　　（二）神鸟成为帝王皇权和国家繁荣昌盛的象征　/107
　　（三）四象之雀：神鸟的异化　/108
　　（四）神鸟与神仙：羽化飞升，超凡脱俗　/110

第三篇　世界各地太阳崇拜与神鸟文化

一、苍穹太阳，鹰隼翱翔：北非埃及的太阳崇拜　/118
　　（一）古埃及的太阳神崇拜　/118
　　（二）古埃及的太阳崇拜与神鸟崇拜　/122

二、欧洲各国的太阳崇拜　/124
　　（一）古希腊的太阳与神鸟崇拜　/124
　　（二）北欧神话中的太阳崇拜　/129
　　（三）欧洲太阳崇拜的其他表现形式　/131

三、亚洲其他国家、民族的太阳崇拜与神鸟崇拜　/133
　　（一）远古印度的太阳崇拜　/133
　　（二）远古日本的太阳崇拜　/134
　　（三）远古高句丽及朝鲜的太阳崇拜　/136
　　（四）古代两河流域的太阳崇拜　/137
　　（五）古代印度、日本、波斯的神鸟崇拜　/138

四、美洲印第安人的太阳崇拜与神鸟崇拜　/140

（一）玛雅人与太阳崇拜 ／140
（二）阿兹特克人与太阳崇拜 ／141
（三）印加人与太阳崇拜 ／142
（四）南美其他各印第安分支与太阳崇拜 ／143
（五）印第安人太阳崇拜与节日习俗 ／144
（六）印第安人与太阳神鸟崇拜 ／145
（七）太阳与月亮的爱情传说 ／147

第四篇　太阳神鸟的现代文化意蕴与成都城市精神

一、文化遗产标志：历史文化与现代精神的完美结合 ／150
二、太阳神鸟：美的化身 ／154
三、太阳神鸟精神：成都城市精神的神与形 ／159
　　（一）城市与城市精神 ／159
　　（二）太阳神鸟是一曲献给太阳与自由的颂歌，投射出成都深厚的历史神韵 ／165
　　（三）太阳神鸟的"神"与"形" ／171

后　记 ／173

引　言　神舟与神鸟

飞天梦想，千年夙愿，人类飞向太空的梦想与人类本身的历史一样悠久。

1961年4月，苏联宇航员尤里·阿列克谢耶维奇·加加林乘坐东方一号宇宙飞船进入太空，成为世界上第一个进入太空的人，由此开启了人类在太空飞翔的伟大征程。

2003年10月15日9时，中国宇航员杨利伟乘坐由长征二号F火箭运载的"神舟五号"飞船首次进入太空，开启中国人对太空的探索，第一次实现了数千年来翱翔太空的梦想。

继"神舟五号"之后，2005年10月12日，"神舟六号"又出发奔向太空。

中国，酒泉卫星发射中心。

东方放亮，发射架清晰的轮廓在辽阔的苍穹下显得分外雄伟，装载着"神舟六号"的长征二号F火箭那优美的线条在晨曦中崭露。大漠清冷的晨风掠过耳旁，天空低沉的云层直压头顶。

"西北望,射天狼!"

发射架上的庞然大物让人们产生了无限的敬畏。

无穷的好奇与遐想飘向远方,充溢奇异情感的意识停留在曼妙的歌韵和奇妙的画里。远古的感动潜入心底,一双双超越时空的眼睛凝视天穹。

浩渺的宇宙,无垠的天空,太阳,月亮,星星,蓝天,白云……

无论是早期的原始人类,还是现代的人们,都对浩渺宇宙充满好奇和无尽的遐想。早在数千年前,先民们就有关于飞天的梦想。

在西方的神话中,太阳神阿波罗驾着用黄金打造的战车,给广阔无垠的大地带来光明、生命和仁爱,为长途跋涉的旅人照亮路途。

在东方的神话中,美丽嫦娥的飞天之举也是那么的飘渺和浪漫。

敦煌飞天女神在五彩的光影和云海之中,伴着神秘的乐音,把神奇的甘浆倾倒在大地之上,用旖旎的梦想斟满人们的心怀,把华美映入眼帘,把执着融入血液。

唐代大诗人李白在《把酒问月·故人贾淳令予问之》一诗中曾发出了"白兔捣药秋复春,嫦娥孤栖与谁邻?"的提问。宋代大文学家苏轼亦有"我欲乘风归去,又恐琼楼玉宇,高处不胜寒"的佳句。

光芒万丈的太阳、皎洁温婉的月亮、飘渺无际的太空造就了多少人飞天的梦想。

随着现场发射中心总指挥发出倒计时口令:"10……5,4,3,2,1","点火"!一阵轰鸣声震耳欲聋。

"神舟六号"腾空升起,金色的礼花绽放眼前,耀眼的光芒映亮苍穹,寒风劲吹的荒漠里涌动着一股暖流。

9时39分，在北京的总指挥部，身材魁梧的将军宣布"神舟六号"发射成功，全场响起雷鸣般的掌声。"神舟六号"在13亿中国人的声声祝福和殷殷期望中，开始了为期5天的神奇太空之旅。

"上界一天，人间一年。"等待"神舟六号"回归的日子显得格外漫长。

神舟六号在太空中115小时32分的飞行，牵动着所有中国人的心。人们小心翼翼地把激动的心情隐藏起来，静静地等待着来自九天之上飞天神女的问候，默默地为我们的飞天英雄准备着盛大的欢迎仪式。

2005年10月17日，全世界的目光再次聚焦。

"神舟六号"终于回家了，带着对寰宇无限的不舍与眷恋回来了。

此次"神舟六号"不仅乘载有两位优秀的航天英雄，而且还有64个特殊的"乘客"。这些"乘客"都具有特殊影响力和纪念意义，有中国科考队在极地考察时使用的中国国旗，有国际奥委会会旗，有上海世博会会旗等，还有一个非常特殊的"乘客"，它就是太阳神鸟金饰图案蜀绣品。

太阳神鸟金饰图案蜀绣品作为中华文化遗产类的唯一代表，幸运地被选为"神舟六号"的"乘客"，充当地球的使者，向宇宙捎去中华各族儿女的深情问候。

成都金沙遗址出土的3000多年前的太阳神鸟金饰，表达了华夏先民向往太阳、崇尚光明的梦想，它体现出的中华民族自强不息、昂扬向上的精神风貌，与航天人发射"神舟六号"飞船所彰显的民族精神一脉相承。太阳神鸟金饰图案寓意民族团结、和谐包容，与我们现在构建和谐社会的理念相契合。太阳神鸟与蜀绣都是中国古代文明的精华，"神舟六号"则是现代高科技的产物，太阳神鸟金饰图案蜀绣品能随"神舟六号"飞向太空，寓示了成都深厚的历史文化底蕴与"航天人"的密切渊源，是具有中国精神的珠联璧合。

古蜀人将翱翔太空的美梦寄托在太阳神鸟上，3000多年以后，通过"神舟六号"终于圆了神鸟飞天梦！

2005年10月21日，太阳神鸟金饰图案蜀绣品在搭乘"神舟六号"遨游太空归来几天后，又"飞"抵西安国际古迹遗址理事会第15届大会现场，成为当晚最耀眼的明星。

当国际古迹遗址理事会第15届大会主席、中国古迹遗址保护协会主席张柏戴着白手套，小心翼翼地向到场的学者、官员、记者展示这个"神舟六

号"的特殊"乘客"——太阳神鸟金饰图案蜀绣品——辉映着华夏5000年灿烂历史文化精髓的太阳神鸟时,立刻引起来自全世界数十个国家和地区的上千名专家和官员雷鸣般的掌声,全场轰动,人们纷纷以各种方式记录着这一激动人心的时刻。

国家文物局有关负责人正在向媒体展示飞天的太阳神鸟图案

中国古迹遗址保护协会主席张柏说:"中国文化遗产标志于8月16日正式启用,采用四川成都金沙遗址出土的3000年前黄金饰品'太阳神鸟'图案为原型,表达了追求光明、团结奋进、和谐包容的精神寓意,彰显了中国政府和人民保护祖国文化遗产的强烈责任心和神圣使命感。把从太空遨游归来的'太阳神鸟'送到大会现场,是为了表示中国保护文化遗产的信心与决心,同时也是对大会成功举办的庆贺。"

国际古迹遗址理事会主席米歇尔·佩塞特说,将最能代表中国历史文化的中国最古老的标志——太阳神鸟作为中国文化遗产的标志,这对中国文化遗产保护具有很重要的意义。太阳神鸟、蜀绣,中华民族两种最传统的文化元素精妙地结合在一起,升腾起5000年的华夏魂。这一夜,成都出土的太阳神鸟在西安古城大放异彩。

环绕在光芒四射的太阳周围的四只神鸟,从它们诞生的那日起,就被赋予希望和梦想。这个神秘的精灵被深埋在地底几千年,等待的就是冲出苍穹这一刻的到来。厚积而薄发,静默地承载中国悠远深厚的文化底蕴,扇动灵性之翼,撒播伟大中华文明的种子。

圆梦归来的成都金沙太阳神鸟,成了世上所有鸟儿尊崇膜拜的对象。

太阳神鸟的家乡——成都沸腾了,巴蜀大地一片欢声雷动,家乡的人们难掩心头的欢悦与骄傲。

太阳神鸟的故里,五湖四海的客人纷沓而至,在它的面前或徘徊流连,或低头沉思,或侃侃而谈,探询关于它的一切。揭开太阳神鸟优雅身姿上的神秘面纱,成为无数人梦寐以求的愿望。

明星背后总是有无数的故事,隐藏在太阳神鸟身后的又是什么样的传奇经历呢?让我们带着疑惑与好奇踏上千年蜀道,来到神鸟的故乡——成都,挖掘故事的宝藏,畅游古蜀悠久的文明历程!

第一篇

◎ 神鸟惊现世：华夏文明再现辉煌 ◎

一、发现金沙：开启神秘古蜀国的又一扇大门

哦哦，光的雄劲！
玛瑙一样的晨鸟在我眼前飞腾。
明与暗，刀切断了一样地分明！
这正是生命和死亡的斗争！
哦哦，明与暗，同是一样的浮云。
我守看着那一切的暗云……
被亚坡罗的雄光驱除干净！
是凯旋的鼓吹呵，四野的鸡声！

——郭沫若《日出》

一个迷离的夜晚，
一扇通向往古的神秘之门突然开启。
一只铁臂在金沙村撕开了一条裂口，
一段封存久远的历史渐渐清晰。
千年尘埃翻涌腾挪，
许多悠远的故事都纷纷淌出裂隙。
这不是一条惯见的沟壑，
这又哪里只是一些平常的土石？
它分明是一座满藏金玉万千的地下宝库，
它让考古人又一次见识了古蜀国的恢弘气志。

——王仁湘《古蜀人的金太阳——金沙村出土太阳神鸟金饰感怀》

当人类欢庆进入 21 世纪的钟声还在空中回荡，人们沉浸在对未来的憧憬中，中国西部古老而富有活力的大都市成都又给人类带来一个惊喜——新世纪中国考古第一大发现，尘封了3000多年的金沙古蜀王国展现在世人的面前。

2001年的初春，春寒料峭，乍暖还寒。

2月8日，星期四，一个特别的日子。

成都初春的天气依然保有它惯有的主色调——灰色，沉闷、厚重。但看似平淡无奇的日子，却有一件惊天动地的大事发生，从而使这一天永远为考古人所记忆。

这一天，在成都西郊苏坡乡金沙村蜀风花园工地上，一派热气腾腾的繁忙景象：挖掘机不停地挥动着它坚硬的铁爪，身后留下一道道深深的沟壑；翻斗车来来往往，有序地搬运着泥土；民工们正忙碌着，脚下形成了一块平整的地面；负责人东奔西走拿着图纸来回指挥着。人们相信，这里不久将会矗立起一幢幢现代化的小洋楼，好像一切都是情理之中的事，可谁也不曾想到自己脚下的这方土地将震惊世界，改写古蜀文明史，也改写华夏文明史。

下午2时许，紧张的工作节奏被意外打断。材料员李小军突然感到工地上的气氛有点不对劲。"咋啦，挖掘机停止了挖掘，翻斗车停止了运输，民工们争先恐后地往沟坎里跳，他们在干啥？"

原来，民工们在铲起的泥土中发现象牙和一些玉器，他们在土堆旁慌乱地寻找，连挖掘机驾驶员也跳入5米多深的沟中找寻。

"啊！宝贝。"

"这是我的！"

"我看到的！"

"别挤，我挖到的！"

在场的大部分民工都像中邪似的，突然变得疯狂起来，他们喊呀、叫呀，挤呀，甚或大动干戈，混乱场面一发不可收拾。

沈绪贻，一个具有高中文化的普通民工，苏坡乡金沙村2组村民。看到这种混乱局势，当即站出来说："这些都是文物，是国家财产，你们不能随便拿走，要犯法的！"可没有人理会他，哄抢依然。

于是，沈绪贻拨打了"110"。事后，当记者采访他时，他清楚地讲述了金沙宝物出土的细节："我当时想，这里人多嘴杂，哪一个人也控制不了局面，警察来，可以维持秩序。""你算不算第一个看到文物的？"记者问。

"我可能不算第一个看到的,但却是第一个认识文物价值的。"沈如实回答。

随后,"110"巡警迅即赶到,现场已是一片狼藉。

一道严厉的特别警令发出:"这是文物,这是国家财产,谁拿走谁违法!"

混乱的局面很快得以控制,哄抢文物的群众顿作鸟兽散。巡警首先采取的措施就是封锁现场,一道黑白线条相间的塑料布就像一个厚厚的襁褓,将现场团团围住,就像包裹一个刚刚出生而又受到伤害的婴儿,进行封闭式保护。随后赶来的公安部门立即下了一道十万火急的命令,全力以赴追回流失的国宝。数天之内,被当作无主之物而"捡走"的80余件金沙遗珍如数归还,一件也不少,真是不幸中的万幸。

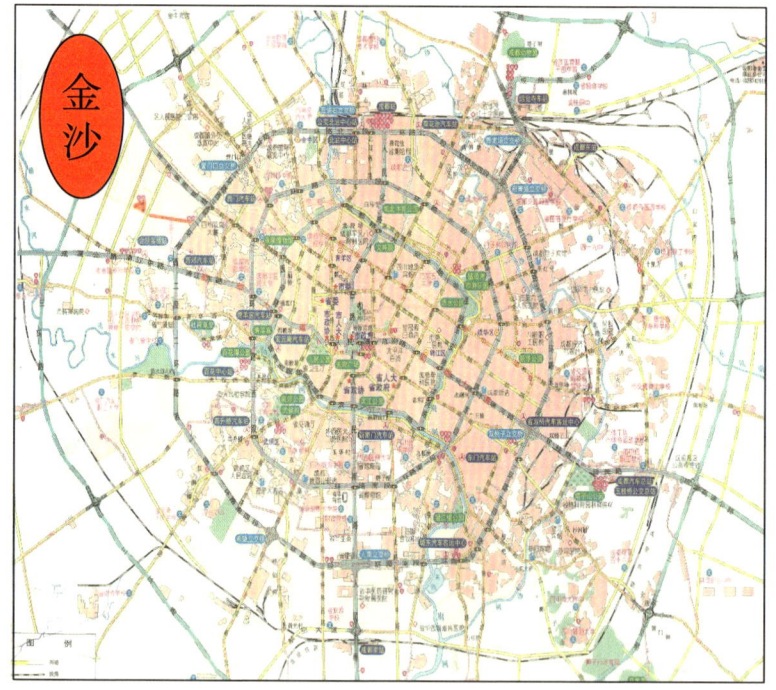

金沙遗址位置图

金沙遗址位于成都市西郊二环路与三环路之间。这里曾经是一片地势平坦的农田,土地肥沃,庄稼长势喜人。农田四周远远近近散布着几处农舍,平凡如斯。现代文明把巨臂伸向它,却不小心惊醒了一个沉睡了3000多年的王国。古老的金沙王国与当今盛世相逢,偶然中又有必然,这是一种缘分,更是一件幸事。

成都市考古研究所所长王毅接到报告后，迅速组建了一支考古队第一时间进入金沙工地现场进行考察。当考古人员第一眼看到被收回的文物时，顿时震惊，全都激动不已。随后，即在现场发掘出了许多文物，根据出土陶器的器形，考古学家初步判定这处遗址的年代大约在商代晚期到西周早期，距今3000多年。

"这可是3000多年前的文物啊！"

"这不是玉琮吗？这家伙拿到国家文物局，肯定能评上'国宝'级的。"

"金面罩！跟三星堆遗址出土的青铜面具的造型风格基本一致，令人拍案叫绝！"

金沙遗址全景航拍图

历史无声，岁月有痕，这里的绿草、树木、泥土和着河水的低喃、清风的低语正向人们诉说那段陈年往事。一边是静寂的古老遗址，一边是喧嚣的现代化大都市，二者连成一体，和谐而又妙趣横生，仿佛一切都变得不那么遥远，跨过这一步，就能穿越时空。

"惊世瑰宝,这意味着必将改写先前定论的古蜀历史!"

"遗址必将震惊世界!"

就这样,不经意间仿佛上天突然恩赐给了这片土地一个"惊世之宝"。

"不得了!这儿挖出'宝贝'啦!"

考古队员唯恐遗漏了什么,还将施工队挖出来的泥土带回去清理,而专家在这些泥土中竟然清理出1000多件珍贵文物。种种迹象表明,这处遗址有进行大规模发掘的必要。于是,成都市考古研究所又在原考察队的基础上扩充了人员和装备,以便用最短的时间将这处遗址的时代弄清楚。

清理完浮土后,考古队员开始正式对金沙遗址进行发掘。

他们首先发现了一个土坑,里面密集地摆放着各种金器、玉器、青铜器和象牙,这些器物的摆放显然有着某种特别的次序。之后,考古队员又陆续发掘出了与之类似的许多土坑。有的土坑里装满了大大小小的石璧,有的装满了野猪獠牙、鹿角和少量的象牙、玉器、陶器等。土坑中没有发现人类遗骨,应该是金沙先民用于祭祀活动的土坑。

考古专家普遍认为,三星堆文明衰亡后,金沙遗址是在成都地区兴起的又一个政治、经济、文化中心,也就是古蜀国在商朝晚期至西周时期的都城。

"成都发现了又一个三星堆。"

消息不胫而走,静静地掩埋在黄土之下3000多年的商周时代古蜀都邑——金沙遗址重见天日。

考古工作者叩响了一个古老王国尘封已久的大门。

随着他们拨弄沉睡千年的地层,一件件玉器、金器、青铜器、石雕、漆器、陶器、象牙犹如串串音符,震颤着考古工作者灵魂深处那根长久未动的心弦。无法言喻的快乐迅速填塞了他们的思维空间。

一个失落的文明向我们走来。

一个辉煌的古国向我们靠近。

随着我们步入金沙遗址,一件件玉器、金器、青铜器、石雕、漆器、陶器、象牙映入眼帘,震颤着我们灵魂深处那根长久未动的心弦。器物散发出的那一缕缕摄人心魄的光辉,和三星堆遗址的青铜器具一样征服了我们,打破了我们固有的思维。

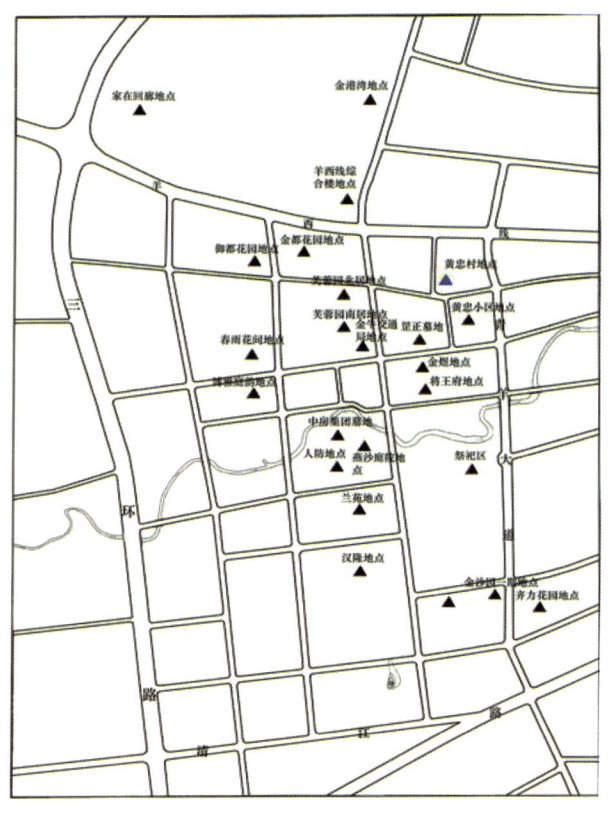

金沙乡布局示意图

  蜀时期一块墓碑告诉我们，这里叫"金沙乡"。也许是当时人们翻土耕地时，偶然发现了古国金器的残件，因之命名。殊不知，这是沉睡中的古老王国向世人发出的无声无形的暗示。经过科学的考古发掘和勘探得知，金沙遗址分布面积在 5 平方公里以上，是一处规模宏大的商周时期古蜀国的都邑，当时西南地区重要的政治、经济和文化中心。

成都沸腾了，四川沸腾了，中国沸腾了。

一个失落的文明向我们走来。

一个辉煌的古国向我们靠近。

中国和世界各大媒体均以非常醒目的标题争相报道金沙遗址。

"金沙遗址惊世现身"；"就像进了天宫"。

"金沙遗址凸现古蜀辉煌"；"金沙遗址媲美三星堆"。

"金沙遗址改写成都历史"；"成都考古震惊世界"。

"金沙"从此蜚声海内外，世界再次聚焦这个拥有 4500 年城市文明史的

古老之都——成都。于是专家、学者、领导及全国各大媒体纷纷云集成都，争睹金沙珍宝。这年成都的初春因金沙遗址的发现而变得温暖、精彩、热闹。

金沙遗址是古蜀文明至珍至贵的宝物。它的发现为成都这座历史文化名城添上了一道浓墨重彩。金沙遗址在留下了一笔丰厚财富的同时，也留给世人一个又一个千古悬念。金沙遗址再次凸显古蜀辉煌灿烂的文明，为破解三星堆千古之谜提供了一把很好的钥匙，也是古蜀文明达到华夏文明高峰的一个重要例证。

夕阳西下时，漫步金沙遗址，怀古念远，别有一番滋味在心头。从泥土隙缝里长出的小草摇曳在无言的风中，快落山的阳光无意轻洒在人身上，恍若隔世。这块热土之下居然有着如此多的奇珍异宝和神秘的历史文化。

金沙遗址是继三星堆遗址后四川又一重大考古发现，被誉为"21世纪初中国第一个重大考古发现"。这一发现又一次改写了四川历史。

二、神鸟奋翼惊艳重现

  泥沙中裹挟着一领金箔,
  阳光下显现出夭娜之姿。
  赤金本色灿烂如新,
  平正样相纵横匀饬。
  圆丽如轮旋,平薄若蝉翼;
  有状似无形,沉静亦驱驰。
  ——王仁湘《古蜀人的金太阳——金沙村出土太阳神鸟金饰感怀》

  金沙遗址大批金器、玉器、青铜器和象牙不断出土,考古工作者的发掘惊喜连连,高潮迭起。每一次发掘,都有新发现。在初品考古发现带来的喜悦之时,考古工作者更感责任在身,重担在肩。如果这样重要的遗址遭到现代城市建设的无情摧残,对于历史文化将会是灭顶之灾,作为华夏儿女的我们既无法面对祖先,也无法向后代交代。成都的考古工作者知道,如果遗址被毁,"我们所追求的用考古材料重建古蜀历史的雄心壮志将会留下不可补救的缺陷。"[①] 他们也明白"机不再失,时不再来"的道理,必须尽快从挖掘机下抢救这一重要的文明遗产。他们定下了原则:工作要仔细,方法要正确,思维要清晰,时间要抓紧,对挖碎的每一块泥土需进行"地毯式搜索",想尽一切办法不放过任何一个蛛丝马迹。

  正如一部正在上演的精彩戏剧,你方唱罢我登台,而每一个主角的闪亮登场都需作若干的铺排。

[①] 成都文物考古研究所编著:《走进古蜀都邑金沙村:考古工作者手记》,四川文艺出版社2004年版,第15页。

金沙遗址发现以来，每一天都有新的发现，成吨的象牙，还有各种玉器、石器、青铜器出土，让人目不暇接，兴奋不已，这是自1986年三星堆发掘之后最大的一次发掘，而且发掘的宝贝也是近年来最多的了，但金沙遗址的最宝贵的太阳神鸟还是一次又一次地与人们擦肩而过。是金子总要发光的，太阳神鸟按捺不住内心激动，它要冲破被泥土封闭的黑暗，重见光明。2001年2月25日，阴沉了数日的天空终于云开雾散。太阳露出了它难得的笑脸，从厚厚的云层里洒下万道金光，这样一个难得的好天气预示着金沙遗址的主角——太阳神鸟即将隆重登台亮相。

说到太阳神鸟的重现，可谓惊心动魄。

当天上午10时许，成都考古队金沙遗址现场负责人朱章义和同事正在发掘工地紧张地清理着考古现场。此时，工地上一块不起眼的直径约10厘米的小泥块，在路人的碰撞之下，露出了一块小金角，在阳光照射下闪耀着点点金光。突然一道金光射向站在不远处的朱章义，在他的眼前闪了一下。考古学家的职业敏感告诉他，这块泥肯定不简单，里面肯定包裹着金属器物。"我小心翼翼地把这个泥块捧在手里，感觉就像捧着一个刚出生的婴儿，不知它到底是什么样子。"事后回忆起太阳神鸟被发现的情景时，朱章义显得异常激动，兴奋不已。太阳神鸟的重现真有一点戏剧性色彩。

朱章义按照科学的考古发掘规程，将这块包裹着金属器物的泥土送到专门的实验室。聚光灯、镊子、药水、被泥土包裹的金器、屏住呼吸的工作人员、白色的墙壁构成了一幅动人的工作画面。

聚光灯下，考古工作人员用镊子轻轻地剥落泥土，泥土一点一点地往下掉，金色一点一点地显现，这是一团黄金制作的金箔，但她的"真容"到底是什么样子？在场的所有人无不心跳加速，屏住呼吸，期待着奇迹的发生。

其时，被泥块包裹着的金箔已经被揉成一团，但经过特制的药水浸泡后，裹在其上的泥土慢慢地消失，揉皱的金箔也被轻轻地展开。

奇迹就这样发生了，就像一个裹满泥土的鸟蛋经过精心孵化，小鸟破壳而出，并能够神奇般地展翅飞翔。啊！它是一片圆形的金箔，全身金光闪闪，有镂空花纹，有旋转的太阳，有飞翔的四只鸟，这一美丽的金箔后来被专家、学者们定名为太阳神鸟金饰。

据当时成都金沙遗址工作站站长朱章义回忆，太阳神鸟金饰重见天日之时，他是那样的激动和兴奋：

直觉告诉我这里肯定包裹着金属器物。我小心翼翼地把这个泥块捧在手里，感觉就像捧着一个刚出生的婴儿，不知它到底是什么样子。

随后在聚光灯下用镊子轻轻地剥落泥土，金色一点一点地呈现，在场所有人无不屏住呼吸，心跳加速，期待着奇迹的发生。泥块包裹的金块终于露出了"真容"。刚出土时金箔已被揉成一团，经过药水浸泡后，我用镊子轻轻地展开金箔，它是圆形的、有镂空花纹……

金饰上刻画的"太阳"和"鸟"的图案清晰地呈现出来，伴随着显示王权的大量金器、玉器的出土，足以证明这件金饰极有可能就是古蜀王举行盛大祭祀典礼遗存下来的"宝物"。

金沙遗址出土的太阳神鸟金饰，形制呈圆形，图案分内外两层，都采用了透空的表现手法。内层图案为等距分布的十二条弧形齿状芒饰，呈獠牙状，外端尖，按顺时针方向旋转。外层图案由四只相同的鸟等距分布构成。鸟均作引颈伸腿、展翅飞翔状，头、爪较大，颈、腿细长，身体较小，翅膀张开，短尾弯曲下垂，爪有三趾。四只飞鸟首尾相接，向着同一个方向飞行，飞行的方向与内层图案的旋转方向相反。整个图案极具梦幻般的动态之美。中间是不停旋转的太阳，十二道光芒绚烂无比，四只飞鸟绕日飞翔。据科学分析，太阳神鸟金饰的含金量达到了94.2%，系先用自然砂金热锻成圆形，然后经过反复锤炼，最后根据相应纹饰的模具进行刻画和切割，工序复杂而细致，是中华民族太阳崇拜的习俗以及信仰在实物上的体现和寄托，让人叹为观止；同时也表明当时古蜀人的冶金技术和工艺水平是超一流的。

成都金沙遗址的太阳神鸟，以奇迹般的重现，诗画般的造型，梦幻般的内涵，艳丽如新的色彩，格外受到世人的厚爱。

太阳神鸟意义非凡，不仅在于其工艺精湛，是稀世珍宝，更因为她展示了古蜀文明丰富的文化内涵，表达了中华民族追求光明、团结奋进、和谐包容的精神寓意，揭开了她身后一段辉煌的鲜为人知的历史。

太阳神鸟重现，奋翼高飞，引领我们去追忆一段逝去的流金岁月，追寻一个古老的故事、一个失落的文明。它带给世人阵阵惊喜、串串思量，不是一个简单的巧合，而是祖先创造历史的时代精神的再现，是千百年来中华儿女乘鸟逐日，敬畏、崇拜大自然，人与自然融合的古老情结的再现。

三、太阳神鸟
——古蜀人的太阳崇拜与神鸟崇拜

> 这是圣洁的精灵,
> 只须在肃穆的庙堂虔心瞻企;
> 这是精致的心花,
> 难得于浮幻臆度中妄言辨析。
> 是何精灵,匠心独运,
> …………
> 光焰律动,万载不息。
> 朝晖仰天,夕照景地。
> 如火之烈,如焰之赤。
> 光彩悠悠苍天,耀灵人间万世。
> 温存天地之心,磅礴万物之气。
> 是呢,那定是一轮金太阳,
> 那是古蜀人至尊的神祇。
> ——王仁湘《古蜀人的金太阳——金沙村出土太阳神鸟金饰感怀》

金沙太阳神鸟金饰出土后,成都博物院院长王毅从文物真容、制作工艺和象征寓意三方面对太阳神鸟金饰进行了体验式解读:

> 太阳神鸟金饰外径12.5厘米,内径5.29厘米,厚度0.02厘米,重量20克。外廓呈圆形,图案分内外两层,都采用了透空的表现形式。内层图案为等距分布的十二条弧形齿状芒饰,芒饰按顺时针方向旋转。外层图案由四只等距分布相同的鸟构成。鸟均作引颈伸腿、展翅飞翔的状态,飞行的方向与内层图案的旋转方向相反。专家学者将其定名为

"太阳神鸟"。

据科学分析,太阳神鸟金饰的含金量达到了94.2%。系先用自然砂金热锻成为圆形,然后经过反复捶揲,最后根据相应纹饰的模具进行刻画和切割。这充分表明了当时的古蜀国手工业发达,已经有了明确细致的分工。

太阳神鸟金饰以诗意的语言对图案进行了描述:中间旋转的火球代表太阳,四只鸟代表一年四季,十二道光环代表十二个月或者一天之中十二个时辰。考古专家目前对此有两种解释:一是根据《山海经·大荒经》中的"帝俊生中容……使四鸟"等有关太阳神帝俊的记载,旋转的火球是太阳神,围绕着它的四只鸟是中国古代太阳神的四个使者,寓意东西南北四个方向。第二种解释是:旋转的火球是太阳,四只鸟是托负太阳在天上运动的神鸟,该图案形象地展示了"金乌负日"这一中国古代神话传说。

在出土的中国古代有关太阳崇拜文物图案中,以太阳神鸟金饰的图案最为精美。太阳神鸟是希望的象征,体现了中华儿女世世代代团结奋进、和谐包容的精神。四凤绕阳,祥瑞吉祥,充满活力与生机的太阳神鸟给人以巨大的感召与动力,并伴随着现代中国一起腾飞。

北京大学考古文博院院长孙华教授也对太阳神鸟进行了极为精彩的学术解读:

> 将太阳神表现为鸟的形状,或将太阳与鸟联系在一起,这是中国古代许多地区都曾经有过的传统思想,具有鲜明的中国特征。金沙"太阳神鸟"金饰是中华民族独特精神世界的一种表现。……金沙"太阳神鸟"采用双向旋转的构图,旋转代表着循环往复,正好可以表现人们对文物生生不息、永久长存的良好祝愿,是文化遗产永久长存的形象诠释。

太阳神鸟何以如此受到人们的关注?仅仅是满足人们一般的猎奇心理吗?当然不是,它是在帮助我们追忆已经消逝的流金岁月,追寻一个古老的故事,一段失落的文明。

从太阳神鸟出土到现在,它给世人带来的不是简单的惊喜,而是历史的深邃思考,这不是一个简单的巧合,而是祖先创造历史的必然在一次偶然中示人。回首过往烟云,惊奇、神秘、敬佩、自豪等万般思绪萦绕脑际,纵有千千结,还需慢慢解。

远古时期,宗教祭祀对于一个国家、一个民族来说,是极其重要的,所谓"国之大事,在祀与戎"。即一个国家最重大的两件事情为祭祀和战争。因而金沙古蜀人十分重视对上天和神灵的祭祀。考古工作者在金沙遗址发现了数量十分惊人的象牙,重量以吨计。这些象牙长短不一,长的达1.5米,短的也近1米。如此数量众多的大象牙都是用于祭祀的。但是这些象牙从何而来?是成都平原本来有象?还是从其他地方进贡或掠夺来的?目前尚无资料,故而没有结论。但不管怎么样,象牙都是供奉神灵的最好祭品,由此可见金沙古蜀人是一个虔诚的族群,他们认为自己得到了各方神灵庇佑,在天地间与神灵同在,因而他们把最宝贵的物品敬献给上天神灵。他们很早就形成了一套完整的而又别具一格的原始宗教体系,创造出发达的精神文化。金沙遗址出土的大量文物充分表明金沙古蜀人十分看重对天地日月、山川树木、动物神灵和祖先的崇拜和祭祀。有研究者认为:"三星堆古国以原始宗教为立国之本,实现了神权和王权的有机结合。由巫祭发展而来的统治集团,有意识地运用各种原始宗教、信仰习俗,作为维系古国在精神上、组织上的统一,象征国家权威的支柱。制造出大批专门祭神的雕像和器物,从而使其精神文化大放异彩并以物质造型的方式加以凝固,流传下来。这些反映不同信仰的崇拜习俗,在三星堆文明里,不是互相排斥,互相取代,而是被有目的地互相糅合、互相吸收,形成多形态多层次的原始信仰融合在一起的有机整体。"① 金沙古蜀人传承了三星堆宗教祭祀文化,金沙的祭祀仪式集合了当时社会最优秀的人才和最先进的技术,每次祭祀都要用去数量不等的玉器、青铜器、金器或象牙,使用后埋葬,也有将器物有意打碎后埋葬的现象。在长达数百年之间,金沙遗址祭祀区域形成了厚3米左右的堆积层,由此可见当时的祭祀内容真是名目繁多,这个区域是当时神圣的宗教圣地,从这些文物的出土现象,可以让几千年后的人们强烈地感受到古蜀人那神圣的

---

① 赵殿增、李明斌:《长江上游的巴蜀文化》,湖北教育出版社2003年版,第247页。

宗教情感，仿佛看到了那宏大而虔诚的祭祀场面。①

正是因为如此，金沙遗址出土的太阳神鸟金饰并不是一个简单的装饰品，而是有着深刻文化内涵的文明象征，是古蜀人原始宗教文化和太阳崇拜与神鸟崇拜的物化体现。

那一轮金太阳，就是古蜀人至尊的神祇。

（一）太阳神鸟金饰图案与太阳崇拜

凡是阳光照耀的地方就有太阳崇拜，崇拜太阳是古蜀人几千年不变的信仰。

仰望星空，畅想宇宙。古蜀人对遥远的天体充满敬畏和想象，特别是对给人类和世界带来温暖和光明的太阳更是有着无限的敬仰和崇拜。金沙遗址出土的太阳神鸟金饰正是古蜀人对太阳崇拜的直观表现，它那美丽的图案以诗意般的无声语言对古蜀人的太阳崇拜进行了生动的描述。

考古学家和历史学家对太阳神鸟金饰图案进行了各种分析，并破译了其中的文化秘密。

太阳神鸟金饰图案分为内外两层，内层图案中心为一镂空的圆圈，周围有十二道等距离分布的象牙状的弧形旋转芒，这些外端尖锐好似象牙或细长獠牙状的芒，呈顺时针旋转的齿状排列。外层图案是四只逆向飞行的神鸟，引颈伸腿，展翅飞翔，首足前后相接，围绕在内层图案周围，排列均匀对称。整幅图案好似一个神奇的旋涡，又好像是旋转的云气或是空中光芒四射的太阳，四只飞行的神鸟则给人以金乌驮日翱翔宇宙的联想。② 中间旋转的火球代表太阳，四只鸟代表一年四季，十二道光环代表十二个月或者一天之中十二个时辰。也有专家认为旋转的火球是太阳，四只鸟是托负太阳在天上运动的神鸟，该图案形象地展示了"金乌负日"这一古代神话传说，四只飞

---

① 成都文物考古研究所编著：《走进古蜀都邑金沙村：考古工作者手记》，四川文艺出版社2004年版，第24页。

② 黄剑华：《太阳神鸟的绝唱——金沙遗址出土太阳神鸟金箔饰探析》，《社会科学研究》2004年第1期，第130~134页。

鸟自然也就成为人们心目中的太阳神鸟。

太阳神鸟金饰图案的中心是喷射出一道道火苗并旋转着的太阳，表现的正是古蜀人对太阳和太阳神的崇拜和讴歌，形象地显示出古蜀人崇拜太阳等宗教崇拜的象征意义和神话色彩。

（二）太阳崇拜是古蜀先民的原始崇拜

在各种原始崇拜中，最广泛的一种文化现象就是太阳崇拜了。

19世纪西方宗教研究领域自然神话学派的代表人物麦克斯·缪勒（Max Muller）提出，人类所塑造出的最早的神是太阳神，最早的崇拜形式是太阳崇拜。世界上的太阳崇拜有五大发源地：中国、印度、埃及、希腊和南美的印加。太阳神话是一切神话的核心，一切神话都是由太阳神话派生出来的。太阳"从仅仅是个发光的天体变成世界的创造者、保护者、统治者和奖赏者——实际上变成一个神，一个至高无上的神"①。

人类之所以会对太阳产生崇拜，主要是由于太阳和自然万物有着十分密切的关系。太阳是太阳系的中心天体，阳光是地球能量的主要来源。经过大气层的吸收后抵达地球表面的阳光已经衰减。太阳对于人类的生存繁衍和世间万物的生长都起着至关重要的作用，所以远古先民们就对太阳怀着敬畏崇拜之情，并由此产生了各种崇拜形式。

远古先民们在与太阳长期共处中观察到，太阳能促进树木花草和农作物的生长、成熟，尤其是对农作物的生长发育起着最直接的影响，太阳的光照时间、光照强度等对于农作物的产量起着十分重要的作用，光照太强，温度太高，农作物会受到灼伤而焦枯，而光照太弱，温度太低，农作物又难以生长。先民们在生产实践中认识到"万物生长靠太阳"，太阳不仅能够给人类带来光明、温暖，而且还具有超能智慧，能够明辨善恶，洞察人间的一切，是无上的神灵。所以，大约在新石器时代后期，世界各地的人都奉太阳为丰收之神、保护之神以及光明正大、明察秋毫之神。三星堆遗址出土的高达2.62米的大型青铜立人像以及成都金沙遗址出土的近0.15米高的青铜小立

---

① 麦克斯·缪勒：《宗教的起源与发展》，金泽译，上海人民出版社1989年版，第186页。

人像，就糅合了传说中的太阳神形象。值得注意的是，金沙遗址出土的直径0.12米的"四鸟绕日"金箔，直接以12条涡状牙纹象征太阳，与三星堆的青铜"轮形器"有异曲同工之妙，这都反映了古蜀人对太阳的崇拜。

远古时期世界各地的先民们对太阳与宇宙都充满了好奇心，他们仰望天宇，俯瞰大地，由此而产生了丰富想象，创造出各种绚丽多彩的太阳神话。这些以太阳为母题的神话传说，在远古时期流传甚广。现在保存下来的远古华夏神话体系表明，无论东部还是西部，无论南方还是北方，几乎所有的华夏早期部落先民都崇奉太阳神，成都平原上的古蜀人也不例外，甚至对太阳更加崇拜。

古蜀人之所以会产生十分强烈的太阳崇拜，其原因是多方面的，其中一个特殊的重要原因，在于古蜀地区自然地理环境的特殊性。

古蜀文明核心地区的成都平原，是由发源于川西北高原的岷江、沱江及其支流等河流冲击形成的8个冲积扇重叠连缀而成的复合冲积扇平原，整个平原地表松散，沉积物巨厚，地势平坦，平均坡度仅3‰～10‰，地表相对高差在20米以下。成都平原四周有群山环抱，四季分明，日照少、气候温和，降雨充沛，属暖湿亚热带太平洋东南季风气候区；其水系格局特殊，呈纺锤形，河流出山口后分成许多支流奔向平原，分支交错，河渠纵横。成都平原很早就发展出了农耕文明，建立了早期的聚落。在距今5000年至4500年间，生活在岷江上游的古蜀先民开始逐步向成都平原迁徙。他们最初主要活动在平原北部、西部至西南靠近山地较高的平原边缘地带。随着长江中游水稻技术的传入以及对平原多水环境的不断适应，人群不断向成都平原腹心地区移动，宝墩文化也由此应运而生。成都平原是中国最早发生农业革命的地区之一。从目前的考古材料来看，新石器时代后期，古蜀先民就已经开始进行原始农业生产，虽然当时的农业生产是以旱地粗耕农业为主。据《山海经·海内经》记载："西南黑水之间，有都广之野，后稷葬焉。爰有膏菽、膏稻、膏黍、膏稷，百谷自生，冬夏播琴。鸾鸟自歌，凤鸟自儛，灵寿实华，草木所聚。爰有百兽，相群爰处。此草也，冬夏不死。"[①] 有研究者认为"都广之野"就是指今天的成都，也有研究者认为是指今成都附近的双流等地区。而"膏"是指粮食细腻、滑润，如膏一般，可见古蜀成都平原不仅盛

---

① 《山海经》，郭璞注，郝懿行笺疏，沈海波校点，上海古籍出版社2015年版，第390页。

产菽、稻、黍、稷等农作物，而且产品皆为上等。此时期，成都平原的自然环境较前有很大改变，但是成都平原仍然是阴天多而太阳少，常年是旱灾、水灾交替产生；空气湿度大，云雾多，夏季多暴雨，秋季多绵雨，大部分地区年平均降水量达1000毫米左右，所以古蜀有"漏天"之说，成都附近的雅安更是被称为雨城，年均雨天达218天，年平均降水量1732毫米；最多降水年份降水量达2300多毫米。有时成都平原会接连一两个月阴雨绵绵，如果稻谷出穗后或成熟后，长时间没有太阳光照射，将会造成很大的损失；黍、稷在收获季节，如果遇上连降暴雨，也会造成大规模减产。古蜀地全年日照奇少，部分地区年日照居然只有800~1100小时，为全国日照最少的地区之一。由于蜀地全年的雨水很多，晴天少阴天多，所以唐代文学家柳宗元在《答韦中立论师道书》中写道："屈子赋曰：'邑犬群吠，吠所怪也。'仆往闻庸、蜀之南，恒雨少日，日出则犬吠。"① 这句话的原意是说蜀地多雨，那里的狗不常见太阳，一旦太阳出来就要对太阳狂叫。其后，"蜀犬吠日"发展为成语，有少见多怪的意思。因此，饱受旱、涝之苦和阴沉天气影响的远古蜀人对"太阳"有着格外的亲切感，对晴天和阳光有着强烈的依赖感，所以他们对给人类带来温暖和光明的太阳无比崇拜，祭"日"也就成为经常的宗教祭祀活动，他们制作出各种各样的太阳形象，以巫术等各种形式来祈求日出和神灵保佑，希望通过对太阳的祭祀和崇拜，得到太阳神等神灵的保佑，能够经常出现阳光灿烂的日子，能够年年风调雨顺、丰衣足食。古蜀国曾经盛行过"朝阳仪式"。所谓"朝阳仪式"，即在某一个特定的日子，向太阳供奉大量的祭品，并举行祭祀礼仪，集体向着太阳叩拜作揖，迎接太阳光临人间。

　　神话传说是人类社会生活的折射。在中国神话史上还有一个值得注意的现象，就是北方甚至南方很多地区都盛行射日神话，但是在古蜀地区流传更多的则是祈日、盼日、护日的神话，最典型者莫如至今尚流传于川西坝子上的《两兄妹守日月》与《太阳宝和月儿光》两个神话。至今川人仍然爱唱《太阳出来喜洋洋》等民歌。古蜀民众祈日、盼日、护日的神话，传递出远古以来蜀地先民乞求多日照、少雨水的信息，这符合成都平原的自然条件和民众的心态，却与中原等地区恰好形成鲜明的对比。

---

　　① 柳宗元：《柳宗元文》，王云五、朱经农主编，商务印书馆1934年版，第95页。

古蜀人之所以有着强烈的太阳崇拜信仰，还与原始的宗教文化有着十分密切的关系。宗教作为特殊的意识形态，是对自然和社会的曲折反映，原始宗教曾经是原始社会的主流文化。人类最初的宗教是自然而然发生的自然崇拜和灵物崇拜，主要是对日、月、山、火、水、天、地、星辰以及风、雨、雷、电等自然现象的崇拜。古人认为一切物体及其变化都是由神灵操纵的，因此产生了对日、月、星辰及风、雨、雷、电等天体、天象的崇拜。远古人类对宇宙的变化充满好奇之心和探索精神，面对生老病死以及大自然的变化，他们相信现实世界之外存在着超自然的神秘力量或实体，从而对这种神秘力量敬畏及崇拜，由此引申出信仰认知及相关的仪式活动体系，并创造出各种神话。人们相信拥有超自然力量的神灵存在，而通过祭祀祈祷等方式就可以获取神灵的旨意，并从神灵的身上得到力量。这就是一种对神的膜拜，一种对神的信仰，一种对神的皈依。在古蜀先民的思维中，日出、日落是一种"心理"活动，也就是说太阳行进的轨迹可能就代表某位神祇或英雄的命运。东升的旭日带来光明，驱走了黑暗，太阳也就带来了生命，带来了希望，带来了温暖与幸福。因而崇日拜日成为远古蜀人感恩太阳的重要仪式。而主导这种仪式的人也非普通的人，而是拥有"特殊能力"的"神的使者"，即掌握了咒语和巫术的巫师或祭师。巫师或祭师拥有某种"超自然"的力量，他们成为各种神灵在人间的代表，游走于人与神之间，各种祭祀神灵的仪式如果离开了他们超凡能力所施行的相关的咒语和巫术，神灵就不会感知，也就不会赐福于人类。因而巫师或祭师实施巫术的过程，即是对神灵进行祭祀的过程，他们担当着沟通人神两界的桥梁。人们虔诚地相信他们会将人们的虔诚崇拜和丰盛的祭品呈送到神灵那里。而神灵接受了祭品之后，也会通过他们赐福给大众，来为大众解厄脱困。巫师们常常利用法器实施巫术，以增强法力和神秘性，金沙遗址出土的"十节玉琮"就是金沙蜀人的重要祭祀礼器，玉琮外方内圆，方代表地，圆代表天，中间的穿孔是天地沟通的渠道，"十节玉琮"上还有双圆圈纹的太阳符号，这就是古蜀巫师通过玉琮连接太阳神所留下的重要标记。金沙太阳神鸟金饰更是金沙蜀人直接供奉给太阳神的最好的祭品。

在自然地理环境的影响下，在宗教文化的推动下，古蜀人有着比其他地区更加强烈的太阳崇拜和祭日文化信仰，虔诚的太阳崇拜让三星堆蜀人和金沙蜀人，无不使用最珍贵的金属材料和玉石材料来铸造青铜神树、黄金太阳神鸟、青铜太阳轮、人面鸟身像等。在他们看来，只有这些最珍贵的材料制作而成的器物，才是献给太阳神最好的祭品，才能充分表达他们对太阳神的无上崇拜。与此同时，古蜀人形成了世代相传的玄秘的太阳神话传说，数千年来这些神话传说和太阳神祭器所凸现的奇异魅力，一直在成都平原璀璨闪耀。

（三）太阳崇拜与神鸟崇拜

先民们对太阳的崇拜也演化成了对神鸟的崇拜。在远古先民看来，天上有十个太阳，每天早晨轮流从东方扶桑神树上升起，化为太阳神鸟在宇宙中由东向西飞翔，到了晚上便落在西方若木神树上。

但是远古先民并不知道太阳是一颗恒星，地球是太阳的卫星，所以他们大开脑洞地想象，太阳是围绕地球从东到西运行。但他们无法理解，太阳为何可以每天从东到西地运行，在他们看来，不是太阳自身在运行，也不是地球在绕日运行，而是有一种神秘物体背负着太阳自东向西在天空飞行，他们自然联想到天空中飞翔的鸟儿，认为一种具有超自然力量的神鸟就是这个神秘的物体，正是它们每天背负太阳从东向西飞翔，从而给人间带来了光明和温暖，因而这些鸟就是他们心中的太阳神鸟。于是古蜀先民们在对太阳感恩的同时，也对能够在蓝天自由飞翔的太阳神鸟充满了感激和崇拜之情，崇拜太阳和崇拜神鸟自然也就成为古蜀人的虔诚信仰。

在古蜀先民看来，太阳每天早出晚归，都是由神鸟背负，天黑以后，神鸟和太阳都要有一个地方休息，这个休息的地方就是太阳树，在文献中称为"扶桑"或"若木"。考古工作者在三星堆遗址出土了八棵商时期"青铜神树"，其中修复完整的一棵"青铜神树"高达3.95米，是迄今为止全世界已发现的最大单件青铜文物，故而被命名为一号神树。另外还有一棵神树只有下半部分树身，被命名为二号神树。一号神树由基座和主体两部分组成，树顶已残缺，基座仿佛三座山相连，主干三层，于山顶节节攀升，树枝分为三层，每层三枝，树枝上分别有两条果枝，一条向上，一条下垂，果托硕大。全树共有九只鸟，站立在向上果枝的果实上，一条龙沿主干旁侧而下，蓄势待飞。也有研究者认为该神树上站立的应该是十只鸟，其中一只鸟应在青铜神树的顶部，只是该神树出土时没有发现这只鸟而已。如果是这样的话，十鸟正好与传说中的"扶桑"或"若木""上有十日"相吻合。三星堆青铜神树就是太阳树，是太阳和神鸟归依之所，因而古蜀先民对神树也非常崇拜，他们使用大量的青铜铸造了这棵举世无双的青铜神树，使之成为古蜀文明的代表，成为古蜀青铜铸造工艺的集大成者。

据《山海经》等古籍记述，中国远古时代关于太阳的神话有很多，其中流传较多的是天上曾经有过十个太阳，据《山海经·大荒南经》记载："羲和者，帝俊之妻，生十日。"①《山海经·海外东经》也对这十个太阳的活动有所描述："汤谷上有扶桑，十日所浴，在黑齿北，居水中，有大木，九日居下枝，一日居上枝。"②《山海经·大荒东经》也载："汤谷上有扶木，一日方至，一日方出，皆载于乌。"这些太阳是帝俊与羲和所生的儿子，具有人与神的特征，他们有时也会变成长有三足的会飞翔的"太阳神鸟"，栖息在扶桑树上。也有神话传说认为，帝俊就是神话传说中的太阳神，他的座下有四只鸟，而这四只鸟就是四个使者，分别代表了东西南北四个方向。而金沙遗址出土的太阳神鸟金饰，中央部分刻画的旋转火球就是太阳，而绕日翱翔的四只飞鸟，可能就是传说中的太阳神帝俊的"使四鸟"。金沙太阳神鸟金饰的设计制作者和使用者，极有可能是想以此来表明他们都是帝俊的后裔，同时也表明他们和太阳的亲缘关系以及对太阳神的崇拜之情。

（四）金沙遗址多种形式的太阳崇拜

金沙遗址不仅出土了太阳神鸟金饰，还出土了蛙形金箔，有专家认为蛙形金箔代表了月亮，如果太阳神鸟金饰和蛙形金箔组合在一起，镶嵌于某种器物之上，即太阳神鸟金饰位于中央，周围等距排列四只或更多的蛙形金箔，就是太阳与月亮的完美结合，从而实现了太阳与月亮的对话，阴阳的和谐统一。

---

① 《山海经》，郭璞注，郝懿行笺疏，沈海波校点，上海古籍出版社2015年版，第431页。
② 《山海经》，郭璞注，郝懿行笺疏，沈海波校点，上海古籍出版社2015年版，第338页。

金沙遗址除太阳神鸟金饰上旋涡状的太阳图像外，青铜三鸟纹有领璧形器上还有圆孔与凸起圆形高领所象征的日轮，说明古蜀人对崇尚的太阳形态有多种表现方式，或作圆日之形，或刻画成光芒四射的旋转之状，表现手法不拘一格、丰富多样。

古蜀人不仅制作了象征太阳崇拜的各种器物，还修筑了祭天的高台。考古工作者在今成都城北的羊子山发现了一座土台遗址，经过考古学家发掘研究，认为该遗址可能是古蜀王的一个祭祀活动中心，很有可能就是祭祀太阳的地方。据《礼记》记载："周人祭日以朝及暗。祭日于坛，祭月于坎，以别幽明，以制上下。"① 而修筑羊子山祭台的古蜀人可能参考了周人祭日的习俗，修筑高台以祭祀太阳。

在三星堆遗址和金沙遗址就发现了不少古蜀时代留下的玉器埋藏坑，出土了数量较多的玉璧，圆圆的玉璧就是太阳的象征，"苍璧礼天"，玉璧成为古蜀人祭天最时尚的祭品。

（五）金沙的太阳崇拜与三星堆的太阳崇拜

金沙古蜀人对太阳的崇拜，并非起源于金沙，而是与三星堆文化中的"崇鸟崇日"习俗一脉相承。

三星堆遗址出土了多个太阳形器物或图案等许多考古材料，包括青铜太阳神树、青铜太阳形器、圆日形状青铜菱形眼形器、圆日图像的青铜圆形挂饰、青铜神殿四面坡状屋盖上的圆日图像纹饰、人面鸟身像胸前的圆日图像、金杖上圆脸戴冠太阳神形象，以及有着太阳形

太阳与月亮复原图

---

① 《礼记》，陈澔注，金晓东校点，上海古籍出版社2016年版，第538页。

图案或符号的铜挂饰、边璋、人面鸟身像等文物，尤其是青铜太阳形器和青铜太阳神树是三星堆文化所独有的。青铜太阳形器在三星堆出土的多种青铜器中，直观地展现了太阳崇拜观念，如雕铸的太阳图像大都为凸起的圆日形状。有的为双圆形，中间有象征性的放射状芒；有的太阳外圈呈火焰状。同时也有其他表现形态，例如二号坑出土的一些圆形铜挂饰上就有多种圆日纹饰。其中一件中间为圆日，围绕着圆日为旋涡状的冏纹，采用阴线雕刻的手法使图像凹凸分明，显得简洁明快，格外生动。大量的圆形或双圆形表现的圆日图像，在构思创意和审美情趣方面更显示出三星堆和金沙遗址的一致性，也充分说明金沙文化与三星堆文化的传承关系。

三星堆遗址和金沙遗址都出土有各种各样的眼形器，除了反映古蜀人特有的眼睛崇拜外，有可能也是对太阳神的顶礼。太阳是天的眼睛，代表天神巡视大地。金文中的"蜀"字上面就是一只非常形象的眼睛，这可能不是一个简单的偶合，可能蕴含了极其丰富的古蜀人的精神实质。

这些古蜀人遗留的大量遗迹遗物，真实地反映了殷商时期古蜀王国太阳崇拜祭祀活动的兴盛。而大量的鸟形器物或纹饰，包括各种鸟头形陶器、鸟饰件等，一方面表明古蜀人对鸟的图腾崇拜，一方面也反映了古蜀太阳崇拜的载体就是太阳神鸟。

（六）金沙太阳神鸟与古蜀早期历法

春去秋来，冬至夏往，一年四季，循环往复，周而复始，生生不息。远古先民对大自然神奇的变化充满了敬畏和好奇，他们在对大自然的观察中，逐渐发现了一些有规律的奇妙现象，于是在生活和生产实践中开始总结，并创造了原始的历法。特别是第一次农业革命出现后，人们开始希望摆脱对大自然的单纯依赖，准确地辨别季节，确定农时，推算春播秋种时间。于是，他们根据地表动植物的显性表现来确定一年四季，包括草木的荣枯与盛衰，鸟兽的繁育与往来。古人很早就提出"鸟啼知四时"，即他们通过不同的鸟叫知道四季的变化。另外也根据草木的荣枯来计一年的变化，即草青一次为一岁，即古诗所写"离离原上草，一岁一枯荣"。并以春草返青的次数来计算人的年龄。所以人们说自己年龄多大通常说有"多少草"。另外，先民们很早就能够通过四季星空、日照长短来确定四季的更替。《尚书·尧典》记载："日中星鸟，以殷仲春；……日永星火，以正仲夏；……宵中星虚，以殷仲秋；……日短星昴，以正仲冬。"① 另外在早期的部落时期，就有了专职的天文人员。如古籍记载，黄帝使羲和占日，常仪占月。这些专职天文官就主要负责观测日月，制定符合天时农事的历法。处于农耕生活的古蜀先民很早就从劳动生产过程中，认识到时间的变迁，他们通过太阳东升西落的运行规律、气象气候及温度的变化，还有飞鸟的啼叫等来辨别一日之时、一月之时、一年之时、播种之时、收获之时，从而来判断播种和收获等农事的季节，并发现一年春夏秋冬四季的更替时间和循环往复规律，以及东西南北空间的方位。

　　早在3000多年前，中国就有了《夏小正》一书，记录了物候、天象、气象、农事、政事等。先民们很早就将一年分为四个季节，每个季节三个月，十二个月为一年。古蜀人很早也就对历法有所认识，因此金沙遗址出土的太阳神鸟金饰图案与历法有着十分密切的关系。有不少专家认为，金沙遗址出土的太阳神鸟金饰中心图案为发出耀眼光芒的太阳，而太阳的光芒正好是十二道，这十二道光芒就代表一年的十二个月，而四只绕日飞翔的神鸟则代表了一年四季。因此金沙太阳神鸟金饰图案中心的太阳和外层的"四鸟"除了代表太阳升腾之外，应该还代表一年十二个月和春夏秋冬四季轮替，周而复始，往复循环。

　　远古时期，蜀中的天文历算特别发达，并形成了独特的历法系统，不仅对蜀地产生过深远的影响，而且也对中原产生了重要的影响，故而古人有"天数在蜀"之说。西汉前期，蜀人落下闳创制《太初历》，决定性地影响了中国历法结构；他还提出浑天说，创新了中国古代"宇宙起源"学说；他所发明的"通其率"，也在其后2000多年间对中国天文数学产生了深刻的影响。落下闳对天文历法创新性的研究，并非无源之水，无本之木，而是在传承先秦古蜀无数蜀人长期积累的天文历法研究基础上创造性地加以发展。在金沙文化时期，古蜀人不断总结自然规律，他们"先象于天，观法于地"，发展了古蜀历法，并用这些历法来为农业生产服务。古蜀人在创制历法的过程中，十分重视对自然现象的观察，通过对观象授时的经验总结，来指导农

---

① 冀昀主编：《尚书》，线装书局2007年版，第4页。

事生产进程。而在观天法地的过程中,他们高度重视鸟儿在季节变化过程中的作用,"鸟啼知四时",因而鸟的成长过程与一年四季的变化有着直接的关系,古蜀先民在总结历法的过程中,更是离不开对太阳和鸟的观察,这使他们更加崇拜太阳和神鸟,并用鸟来代表四季变化。

古蜀天文算学的形成与对外的交流有着直接的关系。早在三星堆文化时期,古蜀人与中原等地区就有着十分密切的交流,其中天文算学和历法的交流就是一个重要方面,大量的出土文物为这些交流提供了明显的证据。蜀人在借鉴中原地区历法的基础上形成了与中原历法相近的历法。所谓历法,就是安排年、月、日的法则。早期的历法实际上就是观象授时的经验总结。历法一般分为三类:(太)阴历、(太)阳历和阴阳历。所谓"阴阳历"就是年以回归年为依据,月以朔望月为依据,把阴历和阳历结合起来的一种历法。早在殷商时期,中原地区就使用了一种阴阳合历,出现闰月,有平闰年之分,平年一年里有朔望月十二个,闰年有十三个月。月有大小月之别,用干支排列记日,从甲子到癸亥,配成六十天,周而复始。这在殷商卜辞中有不少证明。但是在殷商的甲骨文和金文上只有"春"和"秋"。说明当时人们还没有四时的概念。西周时期与殷商时期的历法类似,但是,已经有了"二至""二分""四时"的概念。春秋时期,中原地区已经形成了完备的"二十四节气"系统和"二十八星宿"天文系统,已经掌握了"金、木、水、火、土"五星的测定。周代天文知识的进步,也充实并完善了周代的历法。金沙文化时期古蜀国与中原地区的文化交流更加频繁密切,因而金沙遗址出土的太阳神鸟金饰所展示的四鸟绕日图案,既代表了古蜀人所使用的历法,也反映了同一时期中原地区的历法。

金沙遗址出土的太阳神鸟金饰图案的四鸟和十二道光芒,并不是古蜀人随便想象出来的,而是有着深刻的文化内涵,是与古蜀历法相联系的。大多数研究者认为:太阳神鸟图案中心旋转的火轮就是太阳,而围绕太阳飞翔的四鸟则代表春夏秋冬四季轮回,且每一只鸟对应了三道光芒,即每一只鸟分别代表一个季节,每个季节分为三个月。由此说明金沙文化时期的古蜀人已经有了岁、时、月的概念,已经知道了"岁"与太阳运行有关,"月"与月亮运行有关,一年有十二个月,使用的就是阴阳历。

另外还有研究者认为,金沙遗址出土的青铜立人像的冠帽也对以上看法有所印证,这个青铜立人像冠帽上的十三道象牙形旋转状的弧形冠饰,

好似太阳闪烁的光芒,与太阳神鸟金饰内层的旋涡图案有异曲同工之妙,有着类似的象征意义。不同之处正好说明了这个弧形冠饰表示的是一年有十三个月,即这一年是闰年,因此加了闰月。因此,金沙遗址出土的这些考古材料,均可以作为崇拜太阳的古蜀人使用了比较完备的阴阳历的佐证。

四、精湛的手工工艺：太阳神鸟制作的物质技术基础

金阳飞旋，
阳鸟奋翼，
朝夕轮回，
周而复始。
你曾飞进古蜀人的庙堂，
你曾飞过古蜀国的天宇。
三千载时光匆匆过去，
你再飞进华夏子孙心里。
你煊烂灿焕，光华依然；
你晖映寰宇，再造福祉。

——王仁湘《古蜀人的金太阳——金沙村出土太阳神鸟金饰感怀》

著名考古学家王仁湘认为：成都金沙遗址出土的太阳神鸟金饰，是古蜀人最伟大的艺术作品之一，也是古蜀文化精髓的体现，其艺术构图也十分完美。用金箔制成的金沙太阳神鸟的工艺水平之高，超出一般人的想象。

（一）太阳神鸟金箔图案是怎么制作的

太阳神鸟金饰以其神奇的图案和绝妙的表现手法，令人称绝，这在全国乃至世界都是罕见的考古发现文化遗存。今天的人们很难想象3000多年前的工匠仅凭手工就能制作出如此超薄的金箔。因此每一个观赏过金沙遗址出土的太阳神鸟金饰的人，都会想一个问题，这个金箔图案是如何制作的？

金沙遗址出土的太阳神鸟是用金箔制成，金饰外径为12.5厘米，内径为5.29厘米，厚度仅0.02厘米，重量20克；太阳神鸟金饰形制呈圆形，图案分内外两层，都采用了透空的表现手法；边缘整齐平滑，中央的太阳"芒"大小和弧度相同，外围四只飞鸟的形态也近乎相似。经过现代相关机构检测，太阳神鸟金箔含金量达到了94.2%。94.2%的含金量在古代不是一个简单的数据。今天要提炼99.9%的金当然不成问题，但是在3000多年前，要用简陋的设备提炼94.2%的金则是非常困难的事。

黄金的特点之一就是柔软，所以即使在今天，工匠们也难以用纯度很高的黄金制作出各种款式精美的金饰，为此，工匠们在黄金中加入少量银、铜、锌等金属，以增加黄金的强度和韧性，这样制成的金饰，又称K金。用高纯度黄金制作金箔图案具有很大的难度，由此可见古蜀人的冶炼技术之高明；而用近乎纯金打造金箔制成造型特别精美的图案，其制作技术和工艺水平之高，更是超出一般人的想象。太阳神鸟的金箔厚薄均匀，平整光滑，完全看不出任何敲打的痕迹，这在远古纯手工时代更是难以想象。

太阳神鸟金饰外廓呈圆形，图案分内外两层，都采用了透空的表现形式。内层图案为等距分布的十二条弧形齿状芒饰，芒饰按顺时针方向旋转。外层图案由四只相同的鸟等距分布构成。鸟均作引颈伸腿、展翅飞翔状，飞行的方向与内层图案的旋转方向相反。金沙太阳神鸟金箔图案是目前各地出土的与太阳崇拜和鸟崇拜相关的图案中最美、最精致的，它以简练和生动的图像语言，记述了商周时期古蜀国极为盛行的太阳崇拜习俗，透露了有关古代蜀国人文传说的重要信息，为我们了解古蜀人的精神观念和追溯古蜀时期一些重要的史实活动的真实情形，提供了极重要的资料。它充分展示了古蜀先民卓越的手工技巧，是古蜀黄金工艺辉煌成就的代表。

金沙考古工作者根据对金沙太阳神鸟金饰的观察，认为该饰件在工艺上采用了捶揲技术，而其纹饰采用了切割技术。从饰件中央的旋涡形芒的大小及弧度相同，周围四只鸟的形态也极为相近来看，在切割时应有相应纹饰的模具。其后也有研究者认为金沙太阳神鸟金饰是采用模具制成的。有关部门对金箔图案作了仿制试验，认为制作工艺之难度非常大，但是没有公布相关报告，因而制作金沙太阳神鸟金饰到底难在什么地方，一般人也不得而知，因而金沙太阳神鸟金饰的制作成为一个千年之谜。

考古学家王仁湘认为金沙太阳神鸟金饰并不是采用模具制成的，而是一件凭着精巧十指制作出来的艺术品,它是空前绝后的,它的制作体现了古蜀时代所拥有的高超的工艺水准。他认为太阳神鸟金饰制作虽然看起来非常精细,图案纹饰也均衡对称,不过将这个圆形的太阳神鸟金饰旋转起来仔细观察,会明显地感觉外圆并不十分规整。换句话说,这太阳神鸟金饰是一个有些变形的圆形,金箔可能原来取料为正圆,镂空后略有变形,也可能是其他原因导致的。也不排除太阳神鸟金饰本来就是一个不十分严格的圆形的可能,当然也许在制作者的眼中,它应当是一个规整的圆形。另外,他通过仔细观察发现,十二芒弧大小并不是非常一致,布局也有些疏密不匀。四鸟的细部也有一些差异,同样的部位并不等长。[①] 因此王仁湘认为太阳神鸟金箔图案的四鸟,应是随手刻成,大形相似,细部互不相同,如颈与腿均不等长,说明金沙工匠在制作太阳神鸟金箔图案时并没有采用固定的模。故而他十分感叹:正是因为太阳神鸟金箔图案是随手做成,更表现出古蜀匠人的高超技艺,不做仔细重合比对,还真不易看出那些细微差别来。

(二) 数量之最的金沙遗址金器

从目前出土的古蜀早期的金器来看,包括太阳神鸟在内的各类金器的制作工艺已经达到非常高的水平,与同期的黄河地区商周时期的金器和古埃及出土的金器相比,毫不逊色。三星堆出土了69件金器,其中金杖、金面罩、金虎、金鱼、金璋、金叶饰等黄金器物,已展现出古蜀人高超的黄金加工制作技艺。而金沙遗址出土的金器以金箔、金片为主,数量则达200余件,其数量和种类之多远远超过中原地区和三星堆遗址,为中国商周时期金器发现之最。

对于崇尚黄金的古蜀人来说,黄金制品代表高贵、华美,所有的黄金制品都与王权和宗教祭祀有着密切的关系。从三星堆古城到金沙遗址,考古工作者发现了大量的陶器、金器、玉器、石器、青铜器等各类器物。其中,有数量较多的金器,除太阳神鸟金饰外,还有金面具、金冠带、双鲟金带、蛙形金箔和喇叭形金器等。这些金器不仅数量众多,而且种类丰富,制作精

---

① 王仁湘:《金沙太阳神鸟金箔制作研究》,《南方民族考古》2010年第六辑,第207~208页。

美，色泽富丽，尽显繁华，浑身散发出难以估量的雍容华贵之态，神秘感与黄金特有的质色融为一体，给人一种历史的凝重与沧桑之感。显示出古蜀人手工业技术从简单逐步走向发达的漫长历程。

在远古时期，金面具是古蜀人通达于神灵的媒介，经常在祭祀、祈年、庆丰等重大场合使用，具有更为深远的宗教文化意义。祭祀活动中，主祭者巫师佩戴面具，能够获得超自然的能力，得到神灵的庇佑，并可游走在人与神之间，上诉民众疾苦，下传神的旨意，进而达到祈福纳祥、驱鬼逐疫的目的。这也正体现了面具所具有的"戴上面具是神，摘下面具是人"的特殊功用。金沙出土的金面具小巧精致，表情温和，嘴角略微上翘，耳朵轮廓凹凸有致，细节与神情逼真。眉似新月，鼻梁坚挺，脸部线条流畅生动。而神秘微笑的背后，不知又有多少人间故事上演。

金面具

金冠带为等宽的圆圈形，直径约 20 厘米。系捶揲成形。纹饰采用錾刻和刻画相结合的工艺。图案为一人头像、一箭、一鸟、一鱼纹呈二方连续，图案均匀分布，线条流畅，刻画精致。冠带纹饰图案与三星堆遗址出土的金杖相同，表明二者在族属上的亲缘关系，是古蜀人对祖先和鸟图腾崇拜的实物见证。

金沙遗址出土了 8 件蛙形（蟾蜍）金箔，其中有 2 件完好无损，系先捶揲成片状，采用切割技术形成外形，再用錾刻技术加工细部纹饰，代表古蜀人对月亮的崇拜。有专家认为蛙形金箔与太阳神鸟应是一幅组合图案。

金沙遗址出土有金鸟首鱼纹带，金带为捶揲成形，采用錾刻工艺加工纹饰图案，细部结构采用刻画工艺。鱼纹相当独特，前所未见。鱼的形象极其凶猛，嘴部有像鸟一样的长喙，喙前端上勾，眼睛呈梭形，不同于一般的鱼类，类似于长江中的一种珍稀濒危动物——白鲟。金鸟首鱼纹带又称"双鲟金带"，是勇敢、特权的象征，在祭祀中可能有压胜的作用。

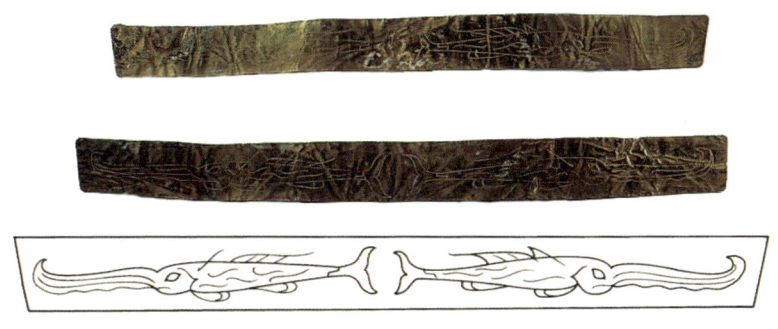

金鸟首鱼纹带

以上这些出土的金器造型各异，但有一个共同的特点，即工艺精湛，造型精美。这充分说明金沙王国时期，古蜀人已经熟练地掌握了多种精湛的手工工艺，特别是在器物雕制、打磨、抛光、镂空等方面的技术已经达到很高水平，正是在多种高水平的工艺技术之上，最后才孕育出精美绝伦的太阳神鸟和与之相似的各类金器。

这些金器绝大部分都不是作为独立器物使用，应当是其他器物上的附件，但也绝不是一般的装饰品，而是地位尊贵的标志，其造型和图案有强烈的象征意义，包含着丰富的古代历史信息，印证了古蜀国的一些历史传说。

穿越时空，我们仿佛看到那些金器正发出耀眼的光芒，摄人心魄，感受到光环笼罩下的神权与王权，至高无上，神圣不可侵犯。

（三）古蜀发达的手工业

金沙遗址之所以能够出土太阳神鸟金饰，一个关键的原因就在于当时以金沙为中心的蜀国的手工业高度发达。

从宝墩古城，到三星堆古城，再到金沙遗址，考古工作者发现了陶器、金器、玉器、石器、青铜器等各类器物，数量众多，种类丰富，制作精美，显示出古蜀人手工业技术从简单逐步走向发达的漫长历程。

从三星堆时代到金沙时代，蜀国的手工业内部已有比较明确的分工，并拥有一个庞大的手工业劳动者群体。从现已发掘的遗址来看，当时各类手工作坊相对集中，规模较大，显然不是分散的个体的手工业劳动，而是官府手工业作坊。在当时的条件下，只有以国王为核心的国家政权才可能通过强制性的政治、军事手段来调动庞大的人力、物力和财力，从事大规模的以奢侈品为主的手工业生产，才能不计成本，不计人力和物力来制作各种精致华丽的艺术珍品，才能创作出金沙太阳神鸟金饰等精妙绝伦的艺术珍品。

古蜀人是世界上最早开采使用黄金的古老部族之一，目前还没有任何证据表明从三星堆遗址和金沙遗址发现的各类金器是从外部输入的。古代蜀地有金矿，多个地方出产黄金。据《华阳国志》记载：蜀地以"岷山导江，东别为沱"，"泉源深盛，为四渎之首"，"其宝则有璧玉、金、银、珠、碧、铜、铁、铅、锡……"① 据著名学者任乃强先生研究："'璧玉'，谓大块白石英可制为璧者，蜀西北江水本支流上游高原上随地有之。'金'，凡产白石英之地，与自此流出江河冲积台地，土砂中咸有之。金沙江、岷江、涪江、白龙江诸水沿岸，岁岁淘取不绝。"② 徐中舒先生认为，在四川西部安宁河、雅砻江之间，蕴藏着丰富的金矿资源，如今雅砻江东岸还存在一个誉有"金矿"的地名。③ 古蜀人制作金器的原料，皆就地取材。其中最著名的金矿产地有两处，一处在岷江上游的松潘漳腊，一处在大渡河上游的小金县附近。

---

① 常璩：《华阳国志》卷三《蜀志》，商务印书馆1939年版，第28页。
② 常璩：《华阳国志校注图补》，任乃强校注，上海古籍出版社1987年版，第115页。
③ 徐中舒：《试论岷山庄王与滇王庄蹻的关系》，《思想战线》，1977年第4期，第75~82页。

而这些地区都是古蜀人的重要活动区域。特别是岷江上游地区更是古蜀文化的发源地之一。早在距今6000多年前，在今茂县附近的营盘山形成规模庞大的聚落，岷江上游河谷地区成为蜀人重要的活动区域，因而他们对岷江上游的矿产资源进行了开发。大渡河上游地区也是古蜀人的重要活动地区，据相关传说，黄帝既娶妻嫘祖于蜀，又与嫘祖生子于蜀。所谓"嫘祖为黄帝正妃，生二子，其后皆有天下：其一曰玄嚣，是为青阳，青阳降居于江水；其二曰昌意，降居若水"①中的"江水"即指今岷江（也有人说在今金沙江），"若水"即在今雅砻江，二江皆在蜀地，而这些地区都在古蜀人的主要活动范围内。另有文献记载，黄帝之子昌意生于蜀地，又"娶于蜀山氏。蜀山氏之子，谓之昌仆氏，产颛顼"。如果按此记载来看，"三皇五帝"中的帝高阳颛顼也是降生在蜀地。由此可见，大约在4000多年前，与黄帝族有关的蜀人已经在长江上游地区进行各种活动，特别是经济活动。蜀人除了发展农耕文明，也在大力发展手工业和采矿业等。虽然没有文献记载，但是目前发现的各类文物，足以表明古蜀人很早就在蜀地的矿产富集区进行矿产开采等活动。

距今4000多年前，随着蚕丛、柏灌等古蜀人部族进入成都平原进行各种开发活动，早期的政权和城市相继建立，对于金器的需求增大，因而对岷江上游和大渡河上游的金矿进行大规模开采。据相关研究，除了岷江上游等地区是金矿的富集区，四川盆地西、北周缘的大江大河及其支流的河谷地带，尤其是河谷由窄变宽处、转弯处和支流交汇处，也是砂金富集的地区，如涪江的平武古城矿区、白龙江的青川白水矿区、嘉陵江的广元水磨矿区等。这些金矿也成为早期蜀人开采金矿的重要地区，并为三星堆蜀人和金沙蜀人制作金器提供原料。

据相关学者研究，金沙遗址出土的所有金器都是先将分散采集的砂金集中，经过冶炼，热锻成形，然后采用捶揲和镂刻工艺制成较薄的金箔或金片，有选择地对个别金器表面进行抛光处理，最后用铆接和粘贴等方法将其固定在其他器物的表面。经过现代技术验证，太阳神鸟与其他金器的制作成形应该经历采矿、热锻成形、捶揲、剪切、打磨、画稿、落样、錾刻、镂空、模冲、打磨等多道工序，每道工序都必须精益求精，不能有丝毫的马

---

① 司马迁：《史记》卷一《五帝本纪第一》，易行、孙嘉镇校订，线装书局2006年版，第1页。

虎，最后反复进行打磨，方能成器。据考古专家对三星堆金面罩青铜人头像的分析，粘贴金面罩用的是生漆加黏土调和而成的黏合剂。金沙遗址出土的金器在造型和风格上与三星堆遗址出土的金器是完全一致的，具有浓厚的地域特色。由此可见古蜀人是中国最早发现、冶炼和使用黄金制造各种装饰品的族群之一。造型别致的太阳神鸟金饰、金面具、金冠带、双鲟金带、蛙形金箔和喇叭形金器等的制作，充分表明古蜀人已经熟练地掌握了冶炼、雕工、打磨、选料等手工工艺，尤其是对太阳神鸟金饰精雕细刻的制作工艺已达到炉火纯青的境界。在这种工艺的背后，我们不仅感受到早在3000多年前古蜀人所具有精益求精的工匠精神，也仿佛看到了古蜀人丰富的内心世界，对神灵的虔诚膜拜，对生命的激情歌颂，对亡灵的衷心哀悼，对大自然的无限热爱。

五、非凡的审美能力和想象力：太阳神鸟的艺术魅力

一件艺术品的创作离不开创作者丰富的想象力和非凡的审美能力及高超的智慧，而数量甚多的金沙遗址出土艺术珍品反映的则不只是一个创作者，而是古蜀人群体的审美精神、超凡的审美意识和非凡的创造能力。

古蜀人是一个爱美的族群，他们有着非凡的审美能力和丰富的想象力。他们在用自己的双手创造幸福生活的同时，也创造艺术的美、生活的美、心灵的美。金器的富丽堂皇，青铜器的庄严肃穆，玉器造型和色彩的多样化、层次感，石雕人像的生动传情，漆器的红与黑对比，无不让我们感受到古蜀金沙人对美的描述和赞叹。形象的事物还原了抽象的美，无疑是具有重要价值的，所以古蜀人很伟大。

所有美好的形象都是人类理性认识和情感体验的和谐统一，是在想象中实现的。想象具有丰富的内容，它可以是以无为有，以假作真。它可以把美的对象中概括性、抒情性的内容和特长，想象成更为丰富、更为多样的具体化的形象，以促进美感的深入发展。古蜀人非常重视器物原有的质色且巧妙地使用色彩与质地搭配，使器物富有鲜活的生命力。从这个意义上讲，他们是一群了不起的艺术家。每一件器物都是历史的见证，也是古蜀人艺术思想的深化和延伸。如果将这一切串联起来，就可以编织一个个生动的故事。不知是哪位哲人曾说过这么一句话，能够唤起人思考的东西就是美好的。当我们用手触摸一件三足陶盉时，就会从它支离破碎的结构中想起许多的往事，金沙出土的器物就是美好的。

古蜀人超凡的审美能力和想象力具体表现在器物的造型、纹饰、线条、色彩、质地等方面。也许，当他们看到一块美石时，就已经看到艺术品的生命胚胎，再经过加工，使器物的生命得以张扬，自己的思想得以完全释放。一件色彩斑斓的玉器，上面用阴线雕刻一只美丽的秋蝉。看到这里，我们仿

佛听到趴在石头上的秋蝉最后的绝唱,婉转而又凄凉。

蝉纹美石

一件玉器,既是财富的象征,也是美的表现,浑身散发出缕缕幽绿的光芒,温润而光亮,荡涤心间,久久不会离去。如今,看到这些艺术珍品,我们愉悦、幸福、满足,这种感觉就像面对心爱的人,洋溢于我们心中的那份最为真挚的情感。金沙太阳神鸟金饰更是一件前无古人的艺术品。著名考古学家王仁湘是这样评价的:

> 智慧的古蜀人,他们想象出太阳是在旋动中升起。旋阳在天,散霾涣曀。祥光瑞景,阜物沃地。旋转的太阳,炫目的光芒。在甘肃永靖瓦渣嘴遗址出土的辛店文化彩陶上,将太阳绘成螺旋形,太阳周围的光芒也绘成螺旋形,不知古代的画工是不是在告诉我们,他们眼中的太阳就是具有这旋转神力的天体,太阳旋转着,连它的光芒也是旋转着放射出来的。在更多的史前彩陶上,我们见到类似的旋式图案,它们有的也许可能并不是直接表现的太阳,但那旋动的韵律感是那样有力,它们很容易让我们想起太阳来。在古代青铜器上见到的阄纹,也是一轮旋动的太阳。陕西发现的秦代瓦当上,也印有带着旋形光芒的太阳纹。也许这样的艺术品并不是古代东方所独有的创造。美洲古代阿兹特克人的太阳神徽,太阳中心的鸟身,也有一个旋动的螺旋形,它也是太阳旋飞的标志。在文明时代的艺术品中,我们仍能见到一些旋形日月图形。直到现代艺术生活中,日月也常常被绘成旋形模样。天体都是以旋转的方式运行的,以现代人对天文学的认识描绘出天体的旋转形态是很自然的,但

是我们的先人在4000多年前就开始用我们今天的方式图绘日月的旋转，如果不是他们已经有了同我们一样的认识，那可能就不会有这些旋转的日月图形留存到今天。①

艺术是用一种特殊的形象符号来显现真实的，艺术所提供的是一个与现实间离开来的人造世界，一个虚构的而又真实的审美意象。所以形象符号只有与现实本身分离，才有可能成为审美符号。金沙太阳神鸟金箔图案集中体现了古蜀人的艺术水平、审美精神和非凡创意，鸟旋与芒转互衬更是展现了宇宙和天地之间的动感之美。

从太阳神鸟金箔图案构思上看，是要表现一种旋转的状态。这是一种特别的创意，是一种非凡的创意。我们知道，在圆周上艺术地表现出循环往复的意境，在平面图像中表现出认同的动感，这在3000年前的时代应当并不是很难的事情，因为在此之前陶器与铜器制作中成熟的装饰工艺，已经打下了很好的基础。器物表面纹饰呈现出的律动感，在史前时代并不鲜见，但像太阳神鸟金箔图案上运用纹饰间的互衬互动表现主题，却是在金沙人之前还不曾见过的独特的艺术创意。

在太阳神鸟金箔图案的构思上，金沙人不仅用鸟的飞翔和光芒的旋转表现了律动，而且这样的旋转还采用了对比与衬托的手法，鸟是向左飞翔，而光芒向右旋动。太阳旋动效果显然是达到了，这从设计上说是非常成功的。金箔上的太阳图形，是间接地用向右旋转的芒弧衬托出来的，形成一轮无形的太阳，构思非常巧妙，也十分罕见。旋转的太阳图形，在其他一些年代更早的文物上也曾见到过，有的绘成太阳本体的旋转，也有的用弧线表示光芒。太阳神鸟金箔图案不仅用芒弧表现太阳向右的旋转，而且还以四鸟的反向运用作为衬托，加强了太阳旋动的视觉效果。图案外圈四鸟的左旋，与内圈十二芒尖的右旋，形成一种动态的对比，互衬中出现互动的效果，这是一个非常巧妙的创意。

---

① 王仁湘：《古蜀文明与太阳崇拜》，《四川日报》2018年11月2日第6版。

六、金沙文化的辉煌

太阳神鸟从成都金沙遗址飞出。

那么金沙遗址所代表的文化是什么呢?金沙文化有哪些辉煌的业绩呢?

金沙遗址的发现又有什么重大意义呢?这种种问题都不得不引起人们的阵阵思量。

金沙遗址位于成都市西郊二环路与三环路之间,东距市中心天府广场仅5公里。遗址南面1.5公里处是清水河,北侧是故郫江;缓缓流淌的磨底河由西向东横穿遗址中部,将金沙遗址分为南、北两部分。它的发现曾引起了社会各界的强烈反响,具有"21世纪初中国第一个重大考古发现"之称。它是继三星堆遗址后四川最重大的考古发现,与三星堆遥相呼应,其意义十分重大。它的发现解决了三星堆遗址衰落以后,成都平原乃至四川盆地古国中心的去向等重大学术问题。

经过考古学家和历史学家的研究,有充分的证据表明金沙遗址是三星堆文明衰亡后,在成都地区兴起的一个政治、经济、文化中心——古蜀国在商代晚期至西周时期的都邑所在地。大量的出土文物也充分证明早在3100多年前成都就已经是一座王者之都,古蜀人在这里创造了辉煌的文明。金沙遗址出土的众多精美文物表明金沙文化可以与三星堆文化并驾齐驱,再现了古蜀曾有的辉煌,重写成都乃至四川的历史。金沙遗址的发现向世界表明:成都是中国历史上最古老的都城之一,其建城历史已有3000多年,以成都为中心的长江上游地区是中华文明的发源地之一,以宝墩文化、三星堆文化、金沙文化为代表的古蜀文明形成了较为完整的文化序列,不再是无源之水,无本之木,是汇集了多元文化并在蜀地创新创造出来的一种新的独具特色的文化。

金沙遗址具有以下几个重要的特征。

（一）王者之都

从金沙遗址考古的成果来看，金沙遗址的形成年代大体上是在商末周初，晚于三星堆遗址文化，两遗址的文化具有继承关系。前者应为史书所载蜀王鱼凫国的都城，后者则为杜宇王朝的都城。

杜宇王朝取代鱼凫国之后，即将政治中心南移至今成都城区，开启了今成都中心城区作为蜀国都城的新篇章。金沙遗址考古发掘的实物与文献资料相互印证，表明早在距今3000年左右，今成都主城区所在地就已经成为蜀国都城，尽管金沙遗址还未发现有城墙等遗迹，然而城墙并不是城市的主要标志，重要的是金沙遗址已经具备了城市的政治中心和宗教中心等功能，可以说杜宇时代的都城，由于规模太大，且无水患和外部兵患威胁，故而无需筑城，成为"大都"无城的典型。

金沙遗址作为古蜀国的都城遗址，已有明确的区域布局和功能分工：

金沙遗址东北部，为原黄忠村所在地，考古工作者在该区域发现了先秦时期的地面建筑遗址17座，每一座建筑遗址的面积都在30平方米以上，其中6号房址面积达430平方米，是目前金沙发现最大的一座房址。呈长方形，长43.8米，宽近8米。基槽内有排列规整的大小柱洞。大柱洞呈圆形，深1.3米，呈上大下小的漏斗状。柱洞内多用红烧土块、砾石加固，并夯筑。房址为东西向六开间的大排房，坐南朝北。有研究者认为，如此庞大的房屋建筑，其建筑的主人肯定不是平民，而应是蜀国的贵族，甚至可能是蜀王，估计这里就是当时的大型宫室建筑区。

金沙遗址东部为原梅苑。考古工作者在该区域的西周地层中，发掘出上千件精美的金器、铜器、玉器、石器、象牙、骨器、卜甲、美石、石雕等。这些特殊的器物，与一般的居住遗址有明显的区别，没有使用痕迹，与三星堆两个祭祀坑出土的器物类似，应主要用于祭祀。发现20多个与宗教活动有关的遗迹，其中有三个最重要的，一是象牙堆积坑，二是石璧石斧形器坑，三是野猪獠牙、鹿角、象牙、陶器和美石混杂分布区。象牙堆积坑内堆积了大量的象牙，完整的象牙有100余根，长的达150厘米。这些象牙没有任何加工的痕迹。有专家推测这些大象是在金沙当地屠杀的，就地获取象牙；在象牙坑中还出土有一定数量的玉器和铜器；石璧石斧形器坑内的石璧形器和石斧形器多是半成品，该区域约300平方米，各种石璧石斧形器数量多，倾斜放置，层层叠压，用料均是成都地区常见的页岩，由于多未完工，故而这些石器的加工稍显粗糙。野猪獠牙、鹿角、象牙、陶器和美石混杂分布区，面积也有300平方米，这不是一般的生活垃圾堆积区，出土的均是野猪、象的某些特殊部位，应与当时的宗教祭祀有很大的关系。总体上考察，这一片区域应是当时蜀王的宗教仪式活动区或祭祀区。

金沙遗址中南部，为原来的兰苑。考古工作者在此区域发现了17座房屋建筑遗迹和红烧土的痕迹，另有450多个灰坑、100余座墓葬、1座陶窑等遗迹，出土了数以万计的陶器。房屋建筑主要分布于地势较高的东北部。建筑形制大致为挖基槽的木（竹）骨泥墙式建筑，平面呈长方形或方形。墙体有两种建筑形式：一是基槽内排列密集的小柱洞，面积较小，结构简单；二是基槽内有密集的小柱洞，且间隔一定的距离有较大的柱洞，面积较大，结构复杂。由于晚期人类的频繁活动，房屋建筑遭严重破坏，屋内结构已无从知晓。大量的灰坑，形状多样，壁面均未发现加工或处理之痕迹，少量分布在房屋周围，形制比较规整，平底，有比较丰富的陶器出土，且器形多为完整，估计此类灰坑是当时窖藏。陶窑由窑室、火膛、火门和工作坑组成，结构简单，窑壁较薄，土质疏松，说明使用时间比较短。墓葬均为竖穴土坑墓，个别墓室修有生土二层台，平面呈长方形和方形。以一次仰身直肢葬居多，少量的二次葬。遗物有陶器、铜器、金器、玉器和石器。其中陶器以小平底罐、尖底杯、尖底盏、高柄斗形器、簋形器为主，这种现象表明该处应是金沙遗址平民居住区、生活区，居住区废弃后形成墓地。

金沙遗址中部是原来的体育公园。考古工作者在此区域发现了15座早期的墓葬和6个灰坑。长方形土坑墓，长短两种形制，长者在1.9米以上，短者在1.3~1.5米。以二次葬为主，即捡骨葬。墓葬均为西北—东南向。儿童、成人的二次葬均采用短长方形墓圹。有9座墓未发现任何随葬品。墓葬规模的大小和随葬品多少反映当时的不同社会阶层的差异。

金沙遗址出现明确的功能分区，表明存在不同阶层的人群。正所谓"物以类聚，人以群分"。在当时，这应是一个国都才有的规模，是一个功能齐全的都城的具体表现。另外，考古工作者还在金沙遗址出土了一些重要的文物遗存，这些文物遗存无不闪耀着王者之光，成为无上王权的象征。

青铜小立人像 金沙遗址出土的青铜小立人像与三星堆遗址出土的青铜大立人像在外形上非常相似，只是尺寸较小。金沙青铜小立人像的身高仅14.6厘米，一双大眼格外引人注目，头戴光芒四射的太阳帽，脑后编有三股一体的长辫；身着简单的单层中长服，腰间系丝带，别有短杖；手腕上戴有腕饰。该青铜小立人像到底表现的是什么人物的形象，见仁见智，有的专家认为该青铜小立人像是当时的大巫师，也有专家认为这就是蜀王的造型，也有对两种意见加以综合认为该小立人既是蜀王也是大巫师。在青铜时代，不少地区的政权都是政教合一，王与巫师汇集一身，国王既是人间的统治者，也是神在人间的代理人，故而国王亦兼大巫师，统管全国的政事和祭祀事务，从而以国家力量和神的力量来维持统治秩序。虽然对青铜小立人像的身份有不同看法，但大家都一致主张它是当时执掌古蜀国重要权力的重要人物。

金面罩 金面罩目前仅见于成都平原的古蜀文化遗址，是古蜀文明特有的文化现象。它是粘贴在青铜人头像上的，有专家认为戴金面罩的青铜人像"可能是代表不同时代或不同身份的接受其祭祀的祖先形象"。金面罩是古蜀人达于神灵的媒介。当时的巫师戴上面具，能获得超自然的力量，从而增强祈福纳祥、驱鬼逐疫的功能，从而赢得大众的尊敬。人戴上面具，就游走在人与神之间，上达群众疾苦，下传神的旨意。太阳神鸟金饰、陶纺轮上的太阳纹饰和蛙形金箔则分别代表古蜀人对日月的崇拜。卜甲，全是龟的腹甲，上面布满钻、凿和烧灼的痕迹。除金沙遗址外，指挥街周代遗址也出土了8片较大的龟腹甲，同样有烧灼的痕迹。它是古蜀人用于占卜测吉凶的工具，说明当时蜀地巫风盛行。

金冠带 金沙遗址出土的金冠带出土时曾断裂成了一根长方形金带，经修复后保存完好，为等宽的圆圈形，宽度较窄，直径略呈上大下小状。金冠带宽2.68厘米，厚0.02厘米，全长61.544厘米，重44克。金冠带的表面刻有四组相同的图案，每组图案由一个人头像、一支箭、一只鸟、一条鱼组成。以人头像为中心，两侧图案对称分布。表现的是人用箭射鱼，箭经过鸟的侧面，深插于鱼头内。鱼纹体态宽短，大头圆眼，嘴略下勾，嘴上有胡须，身上鳞片刻画逼真，只是在近尾处作折尺形，鱼的身上有一道较长的背鳍，身下有两道较短的腹鳍，鱼尾较宽作"丫"字形，两边尾尖向前卷曲。箭纹的箭杆较粗，杆尾带尾羽，箭头深插于鱼头内。鸟纹位于箭羽与鱼之间

的箭杆后方，鸟头与鱼头都朝向箭羽方向。鸟为粗颈长尾的形象，大头钩喙，头上有冠，翼展较小，腿爪前伸，长尾表现出三根并列的圭形尾羽，尾部僵直且与身体的方向平行。金冠带图案与三星堆金杖的图案基本相同，这是一种权力的象征，代表至高无上的王权。它不仅是古蜀国权力的象征，还蕴含了丰富的古蜀文化信息。

双鲟金带 金沙遗址出土的双鲟金带，表面对称刻画着两条尾部相对的鱼，鱼的形象凶猛，形状奇特，有学者认为其形状接近于长江中的一种珍稀动物——白鲟。四川汉代画像石上经常能见到这种鲟鱼，它是中华鲟的一种，体长数米，重可达数吨，呈梭形，尖嘴，是一种极其凶猛的食鱼类动物，有"水中霸王"之称。该条金带应是一件装饰品，但代表极高的权利与威望，即有可能是王权的象征。

除此之外，金沙遗址还出土了龙首形青铜器、玉琮、玉璧、玉璋、玉钺等器物，这些都代表至高无上的王权，神圣不可侵犯。由此可以表明，金沙遗址绝不是一般的人类聚落，而是以王权为中心的早期都城。

（二）西部制造业中心

金沙遗址发现了大规模的手工业生产和精湛的手工业工艺的遗存，出土了数量众多的陶器、金器、玉器、石器、青铜器等，说明当时金沙遗址及附近区域已聚集了数量较多的从事手工业的人。依当时的社会制度和生产力发展水平来看，金沙遗址一带的手工业肯定不是分散的个体经营，特别是青铜器、金器的生产需要采矿、冶炼、制范、铸造、精制等若干生产环节，需要在大范围内调动很多的劳动力、物力和财力，而且不少器具的生产需要的时间是以月、以年计算，其成本极高，因而青铜制造和金器制造等手工业生产绝不是单凭个别人的力量就能完成的，因为在早期进行大规模协作生产，只有国王和国家机构才可能调动庞大的人力、物力和财力从事大规模的手工业生产，才能不计成本地进行生产，也才能生产出旷世艺术珍品。

青铜制造业 金沙遗址出土的青铜器和三星堆遗址出土的青铜器在制作方法上大体相同，都是以浑铸和范铸为主，但两者在外形上有很大的区别，即三星堆青铜器多为大型器物，而金沙青铜器多为小型器物，但精致独特，种类较多，主要有青铜立人像、青铜小人头、青铜鸟和青铜牛首，以及青铜制作的龙形饰件、兽面、虎、戈形器、璧形器、璋形器、眼形器、扇形器、鱼形器等，共1000余件。金沙青铜器相比三星堆青铜器装饰更简单，以素面为主，部分铜器使用了墨绘技法成纹，墨绘笔法流畅，是金沙铜器装饰的一大特点，可能是在传承三星堆青铜器装饰技法基础上的发展。有专家认为成都平原古蜀青铜文化和中原商周王朝的青铜礼器制度有较大的差异，属于两个不同的青铜文化系统。相比中原出土的青铜器，金沙青铜器的铸文较少，仅在有柄璧形器的两面各铸三鸟纹。

金器制造业 金沙出土的金器种类多，包括金冠带、金面具、太阳神鸟金饰、盒形器、喇叭形器、蛙形器、鱼形器、蝉形器及大量金器残片。金器先是热锻成形，然后采用捶揲和镂刻工艺制成较薄的金箔或金片，有选择地对个别金器表面进行抛光处理，最后用铆接和粘贴等方法将其固定在其他器物的表面。据分析，金面罩用的是生漆作为黏合剂。金沙出土的金器造型和风格承袭了三星堆金器风格，具有浓郁的地域特色。太阳神鸟金饰代表了当时金器制作的最高成就。据科学分析，太阳神鸟金饰的含金量达到了94.2%，系先用自然砂金热锻成圆形，然后经过反复捶揲，最后根据相应纹饰的模具进行刻画和切割。其他金器多是捶揲成形，图案主要采用錾刻，部分细部采用刻画工艺。

玉器制造业 金沙出土的玉器大小皆有，精美绝伦，刚柔相济，种类丰富。器形有琮、璧、璋、圭、戈、矛、剑、钺、戚、斧、凿、锛、神人头像、贝形佩饰、镯、环、珠、管、剑鞘、玉眼睛、玉人面等。其中剑鞘、玉眼睛、玉人面比较特殊，在全国还是首次发现。经检测，玉料部分来源于阿坝州汶川县龙溪镇，部分来自周边河流。玉器中残存大量的线切割、锯切割和钻孔痕迹。制作精美，打磨光洁，纹饰丰富，有兽面纹、平行直线纹、网格纹、菱形纹、昆虫纹、蝉纹等，有繁复的扉牙装饰。加工手法以阴刻为主，兼用减地、镂空、透雕等技法。有一件玉琮，重达3918克，是目前发现的商周时期最重的玉器。黄色玉钺上用阴线和减地相结合的手法雕刻的兽面纹，生动逼真。这些都展示了古蜀人炉火纯青的治玉水平。金沙人也比较重视对玉器的打磨，玉器表面色泽艳丽，细腻柔美，呈现出多种丰富的色彩，有红、紫、褐、黑、白等多色，且极富层次感。金沙玉器多有自身特点，是古蜀人的独创。同时，也借鉴了其他地方的一些治玉经验，尤其是中原玉和良渚玉。

石器制造业　金沙遗址出土的石器数量甚多，由于玉料和金器十分珍贵，无法完全满足当时的社会需要，金沙人从成都平原西北边沿的龙门山一带开采了许多石料，加工成他们需要的各种祭祀用品或生活用品，如璧、璋、钺、斧、锛、铲、凿、圆形器、跪坐人像、虎、蛇、龟等。大刀阔斧的雕工，简练的线条，传神的表情，无不显示出金沙人独具匠心。这些石器为商周时期古蜀人的宗教礼仪用品的研究提供了极为重要的实物依据，也是古蜀社会历史及手工业生产研究的重要材料。石雕人像和动物造像，是目前我国发现时代较早、制作最精的一批立体圆雕石刻艺术品，堪称"石雕艺术的杰作"，对于中国雕塑史的研究具有重要的意义。

制陶业　金沙遗址出土的陶器数量非常多，种类多样，陶器的使用频率也很高。但值得关注的是，金沙遗址中发现的均是小型陶窑，面积多在6平方米左右，窑室为前低后高的斜坡状。从窑壁的烧结程度看，使用时间都不长。如此简单的窑炉，却能生产出如此大量的陶器，真是令人难以置信。据相关研究推测，正因为窑炉简单，才容易修造，也才方便金沙人随烧随造，可能当时每个家庭都会参与陶器的生产。另外，一些窖穴里出土的具有特殊形制的陶器，没有底部，有镂空，没有任何生产和生活实用价值，可能是一种祭器。

（三）虔诚的精灵

据文献记载，远古时期，蜀人"不晓文字，未有礼乐"。所谓不晓文字，是不晓中原的文字，因为后人多是以中原文化中心的视阈来看待古蜀文明。实际上古蜀人亦发明了文字，现在发现最早的巴蜀象形文字，被专家称为"巴蜀图语"。巴蜀图语主要分布在铜兵器、铜乐器、铜玺印等器物上。典型的巴蜀图语是虎纹、手心纹和花蒂纹等，由于其形状非常像装饰性的符号，所以一开始大家并没有把它看作文字。随着考古工作的进展，越来越多的类似符号被发现，目前主流观点认为这是巴蜀古族用来记录语言的工具、族徽、图腾或宗教符号，是一种象形文字，是巴蜀文字的雏形。据推断，巴蜀图语可能产生于古蜀国开明王朝时期。

三星堆祭祀坑出土的大批珍贵文物已让我们领略了古蜀人虔诚之至的宗教情怀。金沙遗址大量的宗教祭祀遗迹和出土遗物，诸如象牙、石璧、野猪獠牙、鹿角、骨器、卜甲、玉器、金器、青铜器、美石、石雕、漆器等，无不表现出一种强烈的宗教神秘色彩。它们表明金沙人生活在一个虔诚的国度里，用礼制度已十分发达，他们崇尚各种"神力"。在早期社会里，"国之大事，在祀与戎"，可见祭祀对于一个国家来说，是一件重大的事情，甚至可以与一个国家的安全相提并论。古蜀国也同样经历过类似的发展历程，崇拜天地日月、动植物和祖先，希望能够得到来自外来神秘力量的庇护，即神的支持，他们相信这关系到整个族群或国家的生存与发展。同时，这也成了他们行使政治权力、维系社会稳定与政权巩固的手段。

　　各种玉器的祭祀功能是显而易见的。《周礼·春官·大宗伯》载："以玉作六器，以礼天地四方。以苍璧礼天，以黄琮礼地，以青圭礼东方，以赤璋礼南方，以白琥礼西方，以玄璜礼北方。"器形有琮、璧、璋、圭、戈、矛、剑、钺、戚、斧、凿、锛、神人头像、贝形佩饰、镯、环、珠、管、剑鞘、玉眼睛、人面等，几乎囊括了所有祭祀的玉器。玉戈、矛、剑鞘、斧、锛、铲等玉器，本来是用于作战或生产的，但其上无使用痕迹，明显都是礼化了的祭祀用品。

（四）朴素的葬礼

　　金沙遗址至今还未发现一座高等级的墓葬，即王室贵族墓地。所发现的均是平民墓地。这里多数居住区在使用一段时间废弃后就变成墓地。有几个相对集中的墓葬区，不同的墓地埋葬方式略有区别，有的盛行单人独穴，有的盛行夫妻并穴合葬。基本不见葬具，随葬品一般也是比较粗糙的陶器和石器，个别有玉器和青铜器，部分墓葬无随葬品。中南部墓葬区，有100多座墓葬，均为竖穴土坑墓，个别墓室修有生土二层台，平面呈长方形和方形。以一次仰身直肢葬居多，有少量的二次葬。未见葬具痕迹，大多数墓葬未发现随葬品，个别墓葬的随葬品多置于墓室两端，靠头部的居多。随葬品以陶器居多，个别的有少量铜器、玉器、石器等。墓葬排列有序，以西北—东南向为主，推测墓葬经过严格的规划。随葬品情况可显示墓主人地位的高低，

且表明当时已存在一定的社会贫富分化。头朝西北或东南，不同的头朝向与性别有关。中部体育公园区，墓葬盛行二次迁葬。大都仰身直肢，双手抱于胸前。随葬品的多少反映社会阶层的分化，王室贵族和平民很有可能是分而葬之，应该有比较固定的墓地，正如中原王朝一样要合乎礼制。考古工作者在今成都市中心商业街发现了大型船棺遗址，印证了这个猜想。考古发掘和研究表明，商业街大型船棺遗址实为古蜀国晚期蜀王家族墓葬，墓坑长 30.5 米，宽 20.3 米，同一墓坑内安置大小棺木 30 多具，其中最长船棺 18.8 米，直径 1.5 米，为树龄上千年的楠木刳制而成，出土了大量的陶器、漆木器、竹编器，其中漆器包括编钟、编磬等古乐器架和鼓、竽等乐器，及几、案、盒、豆、梳、篾、席等生活用具，风格古朴典雅，装饰图案仿中原铜器。该墓葬是迄今为止发现的最大规模的船棺葬。

（五）开放包容的文化

李白曾有诗言："蜀道难，难于上青天，蚕丛及鱼凫，开国何茫然。尔来四万八千岁，不与秦塞通人烟。……蜀道难，难于上青天，使人听此凋朱颜。"① 三星堆和金沙遗址出土的众多器物表明，成都早在距今 4000 多年就与外界保持频繁的交往，这是一个开放的文化体系。专家也认为金沙文化是多种文化作用的产物。金沙人徒步翻过千山万壑，冲破重重障碍，与外界保持频繁的双向交流。从目前的材料看，金沙与外界保持交流的区域，主要包括中原、长江中下游地区、云贵地区以及东南亚等地，也有资料显示当时的古蜀人可能已经开通了"南方丝绸之路"。交流的方式有多种，有"拿来主义"，有"吸收创新"，有"送去主义"。科研人员通过现代科技手段测试，金沙遗址所发现的 3 件青铜器的铅同位素组成与山西曲村晋国墓地遗址出土的早期青铜器完全一致。故而有专家推测金沙遗址出土的部分青铜器可能直接来自中原地区。

另外，金沙遗址发现了数量巨大的象牙，这些象牙可能来自今云南、贵州等地，极有可能是当地的部落首领向古蜀王进献的贡品。金沙出土的玉器

---

① 李白：《李太白全集》，《蜀道难》，上海书店出版社 1988 年版，第 80 页。

也留下了多元文化交流的信息。如金沙出土的玉琮就有长江下游良渚文化的痕迹。金沙玉琮有两种类型：一种是分节分槽形，外形瘦长，纹饰复杂，有微雕；另一种也是分节分槽，但器形方正，纹饰简单。两种类型的玉琮均为比较精致的玉器，前者是典型的良渚型玉琮，后者是良渚仿品。良渚玉琮可能是通过长江黄金水道自下游运输而来，这反映了当时古蜀国与长江下游地区的文化交流与传播。古蜀人接受了良渚人玉琮的宗教理念，但同时，也因地制宜地利用本地玉料创造出自己的玉琮文化。由此观之，金沙古蜀人不是一个保守的族群，他们以开阔的胸襟接纳外来的优秀文化，并不断创新打造属于自己的特色文化。

凹刃凿形器是金沙遗址最有代表性的玉器之一，呈长条形，刃部稍宽，正面较平，近刃部处内凹，刃沿外凸，刃口没有使用痕迹；一面呈弧形突起，横断面多为扇形，顶部不平，表面颜色多彩，也反映出金沙与外部的交流交融。这种凹刃凿形器与成都平原宝墩文化中的石制工具有相似之处，可能由其演变而来。值得注意的是，这类器物除成都平原有发现外，在广西、云南边境地区也有类似的器物出土，另外在东南亚的越南、泰国等地则有数量较多的同类型器物出土，这表明古蜀与东南亚地区很早就有经济、文化联系。据文献记载，秦灭蜀国时，蜀王之子孙南率领部分蜀人逃到今越南等地，建立了安阳国，可能将蜀国的文化带到这些地区。有专家推测早在3000多年前古蜀国就与东南亚地区有着较为密切的交往，凹刃凿形器可能是目前所知的"南方丝绸之路"开通的最早例证。

另外，在今成都所属彭州市竹瓦街发现有两个西周时期的青铜器窖藏，共有40件青铜器，主要分为礼器和兵器，礼器有尊、觯、罍，兵器有戈、矛、钺、斤，兵器的数量较多。据研究，这些青铜器与陕西南部汉中盆地固县所出土的西周铜器群有若干相似之处，可以说这些青铜器也是古蜀文化与关中文化进行交流的产物。

（六）金沙文化与十二桥文化

十二桥文化是以成都平原为中心，根植于四川本土，承袭三星堆文化而发展起来的又一支强劲的古蜀文化，它与金沙遗址有非常密切的关系。两者年代接近，都是在商末至西周时期，又都是在成都发展起来的古蜀文化。但二者还是有一些区别，主要区别在于文化涵盖范围的大小，金沙遗址所代表的文化，是一种王者风范的文化，其地域主要限于现有金沙遗址所分布的区域；十二桥文化分布的范围比较广，由于十二桥遗址发现得比金沙遗址早，所以与之相同时期文化就命名为十二桥文化，因此十二桥文化不仅是指在成都十二桥发现的商周时期文化遗存，也包括相同时期的成都金沙遗址、指挥街遗址、方池街遗址、岷山饭店遗址、抚琴小区遗址、羊子山土台遗址、新一村遗址、岷江小区遗址、彭县竹瓦街青铜器窖藏遗址、新繁水观音遗址等一系列遗址的文化。甚至还有学者认为十二桥文化的分布范围广阔得多，十二桥文化以成都平原为中心，其北界可沿嘉陵江直达汉中盆地的汉水上游和关中平原西部的宝鸡地区，东面到长江上游川江段，南面到雅安沙溪遗址。

1986年，考古工作者在成都十二桥发现商周时期的大型遗址，特别是发现了全国罕见的大型建筑的遗址，最长的地梁基础达12米，上有对称的圆形和方形柱洞，制作规整，结构较中原地区同时期的大型建筑所用的纵横梁架先进，可能是大型带廊庑的宫殿类建筑。另外还发现有部分干栏式建筑，均为小型建筑，适合小家庭居家过日子。除此之外，同属于十二桥文化的重要遗址还有很多，其中羊子山土台遗址特别值得关注。该土台是在成都北郊羊子山发现的，正方形，分为3级，具有明显的人工修筑痕迹，每级土台的外侧均用土砖砌墙，墙内以夯土填实。土台的最上面有许多墓葬，著名的羊子山172号墓就是在这儿发现的。该土台的年代在西周后期或稍晚，根据形制、规模来看显然是一个高等级的祭祀场所，可能是属于蜀王的一个祭祀活动中心。祭台的修建成为国家建立和王权的重要标志之一。有专家认为该祭台有可能就是蜀王祭祀太阳的地方，据《礼记》记载："周人祭日以朝及暗。祭日于坛，祭月于坎，以别幽明，以制上下。"[1] 其时蜀国与周朝有着密切的联系，臣服于周朝，因而蜀王在吸收周人祭日习俗的基础上修筑祭台，来祭祀太阳，以示对至高无上的天神的崇拜。羊子山祭台的发现成为金沙蜀人崇拜太阳的有力补证。

巴蜀地区历史悠久，是中华文明的发祥地之一，但是在20世纪中叶以前，世人对古蜀文明的认识仅停留在西汉以后撰写的《蜀王本纪》《华阳国

---

[1] 《礼记》，陈澔注，金晓东校点，上海古籍出版社2016年版，第538页。

志》等少量文献以及民间传说中。如《华阳国志》称："蜀之为国，肇于人皇，与巴同囿。"① "周失纲纪，蜀先称王。有蜀侯蚕丛，其目纵，始称王。"② 由于这些文献对早期蜀国历史的记载内容较为简略，对有些人和事语焉不详，甚至还带有若干神话传说色彩，因而后世研究者多对这些文献持怀疑态度，甚至有人认为这些文献所载非信史，只是历史传说。出现这种现象的原因是多方面的，迄今为止还未发现先秦以前古蜀的历史文献，三星堆文化和金沙文化如此发达，为何没有发现文字，这是一个千古之谜。另外，秦灭巴蜀，灭其国自然也要灭其文化，尤其是灭其传承文化的载体，这也是后人未能发现古蜀文献的重要原因之一。另外随着秦汉大一统君主专制国家的建立，以国家的力量强制性地推行中央文化中心观和中原文化正统观，在此思潮的影响下，巴蜀地区自然被视为野蛮、落后的地区。

20世纪以来，随着考古学的兴起，越来越多的考古发现与研究表明，中国早期文明起源是多元的，除了黄河流域以外，长江流域、淮河流域、辽河流域等众多区域都是早期文明起源地。20世纪中叶以来，成都平原系列考古新发现，使曾经的历史传说逐渐变成历史传奇，古蜀历史谜团逐渐得以解开，表明该区域是长江上游地区文明起源中心，也是中华文明的重要起源地之一。以宝墩古城遗址和三星堆遗址为代表的史前城址群，以十二桥遗址、商业街船棺遗址、金沙遗址等为代表的战国古蜀遗址群相继发现，犹如证据链将支离破碎的古蜀历史片断连接起来，揭开了扑朔迷离的古蜀王国的神秘面纱，见证了成都平原远古文明的辉煌发展。就世界和中国古代文明而言，城市、青铜冶炼和礼制建筑等是构成早期文明的几大要素。在三星堆遗址中，城市、青铜器、大型礼仪中心等多个文明要素不仅已经同时、集中地出现，而且已经发展到相当高的水平，标志着长江上游地区已经进入文明时代。文化面貌上，三星堆与中原地区商文化的发达程度虽不是并驾齐驱，但在某些方面，如文化的想象力和艺术的创造性上，却似远超商人……虽然她的文明发达程度整体来说并没达到中原夏商周的高度，但这个遗址延续了足足有二千年之久。21世纪初，成都金沙遗址的发现，进一步把成都的都城历史向前推进，继续演绎了古蜀历史的传奇。金沙遗址从2001年2月被发现

---

① 常璩:《华阳国志》卷三《蜀志》，商务印书馆1939年版，第27页。
② 常璩:《华阳国志》卷三《蜀志》，商务印书馆1939年版，第28页。

以来，现已出土了金器、铜器、玉器、石器、象牙等珍贵文物2000余件。如果说三星堆文化是商周时期古蜀文明的第一次发展高峰的话，那么金沙文化则是古蜀文明的第二次发展高峰，古蜀文明中心从三星堆转移到金沙，是中国古代文明连续性发展模式的一个生动的样本。凡此种种巴蜀地区遗址的考古发掘，有力地证明了古代巴蜀文化的悠久与先进。

◎ 光明之天使：中华各地的太阳崇拜 ◎

一、远古太阳崇拜信仰的形成

成都金沙遗址出土的太阳神鸟金饰是古蜀先民对太阳崇拜的最高艺术表现，而对太阳的崇拜不是古蜀先民才有的一种文化现象，实际上，对太阳的崇拜是中华各民族共有的文化特征。

中华民族命运共同体的形成，经历了漫长的历史，其文明的兴起也是多源头的。20世纪中叶以后，人们对中华文明起源的认识伴随考古学的发展日趋成熟，大量考古发现表明，中华文明不仅起源于黄河流域，而且也起源于长江流域，考古工作者在长江流域的上、中、下游都相继发现了发展序列相对完整的考古学文化体系。此外，在辽河流域也发现了较为完整的史前文化。因而有考古学家称中国早期的文明如同"满天星斗"。

除了文字、青铜器和城市以外，宗教文化也是人类早期文明的重要标志之一。而最早的宗教文化都与原始崇拜有着直接的关系。不同地域的先民的原始崇拜既有相同之处，也有较大差异，但对太阳的崇拜几乎是所有早期文明共有的特征。在亚洲的东方，不同地域的不同人群，无论是黄河流域还是长江流域的先民们，都对太阳和太阳神鸟有着无限崇拜，其形式各异，集中反映在原始神话体系、部落的图腾风格、图腾内涵，以及图腾载体等方面。如原始神话中的盘古开天地是中国的创世神话传说，也与太阳崇拜相联系，另外在古代神话传说中还有大量有关太阳的神话传说。近数十年来，考古发现的早期史前遗址——河姆渡文化、良渚文化、大汶口文化等遗址所反映的太阳崇拜也各具特色。

凡是有阳光照耀的地方，均有太阳崇拜的存在。对太阳的崇拜是中华各民族共有的习俗。东升西落的太阳，时近时远的太阳，忽冷忽热的太阳，远古人类在与自然共处中直接感受到了太阳的强大力量。远古先民十分崇拜太阳，视太阳若神明。大量古籍文献如《淮南子》《山海经》《楚辞》《国语》

等都有关于太阳崇拜的记载。

原始的太阳崇拜早在新石器时代就已产生。在新石器时代许多墓葬遗址中，考古学家发现了一个颇有意义的现象，即虽然各地葬俗不同，但几乎所有的原始人在埋葬时都是按照东西方向排列，或是头部朝东，或是头西脚东。为什么会有这种奇特的现象出现呢？有考古学家认为这与原始人对太阳的崇拜有着密切的关系，因为早期原始人在迁徙时都是以太阳为坐标，太阳升起或降落为他们指引着前进的方向。当他们死后，不灭的灵魂要找到回家的路，也需要按照太阳指示的方向来判断，所以无论男女老幼死后埋葬时，头的朝向都是一致的。这种葬俗充分表现了先民们对太阳的依赖，也是原始人对太阳崇拜的表现之一。

那么，远古时代的太阳崇拜是怎么形成的呢？为什么太阳崇拜会在全中华民族盛行呢？任何事物的发展都是有定律的，让我们把目光投向当时的社会环境。

远古蒙昧时代，人类的生产力虽然有了一定发展，告别了茹毛饮血的生活，但总体而言，社会生产力极为低下，仍是处于刀耕火种阶段。有什么样的生产力，就有什么样的精神世界。在这种环境下，人们的思维、认识能力极其简单。日月星辰、山川江河、风雨雷电，种种自然现象的出现，让原始人都无法很好地认知和解释，只能直观地认为万物有灵，世间万物与人类一样是有生命的。而所有的自然物中，太阳与原始初民的关系最为密切。人们仰望苍穹，看到的只有一个金光闪耀、给世界带来光明的太阳。太阳给先民带来光明，带来温暖，阳光普照大地，促使万物生长。每当人们早上起来，首先感受到的突出的自然现象便是旭日东升，而黄昏时人们又可以看到日落西山的现象。究竟谁掌管着太阳？这是古代先民百思不得其解的问题，故而认为太阳拥有一种神秘力量，于是对其顶礼膜拜，视其为神。

大约在距今10000年至6000年前，人类开始从采集渔猎生活进入农耕生活，农业、畜牧业相继产生。这就是人类历史上出现的农业革命，位于亚洲东部的中华各族在此一时期也都陆续进入农业时代，无论中原、海岱、江汉、环太湖地区，还是燕山南北、辽西乃至黄河上游的甘青，都形成了较为密集的农业种植带。农业革命从根本上改变了人类的生产方式和生活方式，但同时人类的农业生产对太阳和大自然的依赖更加突显，尤其是小麦和水稻等粮食作物的生产对太阳光照等有很强的依赖性，太阳的阴晴、运行规律的变化，无时无刻不在影响着当时的农业生产。远古的先民正是有赖于太阳的光和热才能生存和繁衍。但是太阳在给人带来光明和温暖的同时，有时也会过于热情，夏天的时候太阳过于炎热，不仅人类忍受不了高温，而且大地也时常干涸，农作物不再生长，"冬日可爱，夏日可畏"。因而先民在热爱太阳的同时也对太阳的炎热产生畏惧心理，从而表现出对这个神秘的自然体的狂热崇拜，认为它被赋予了神的力量。所谓"故苞物众者莫大于天地，化物多者莫多于日月"①。因而在农业时代人们对太阳崇拜更加兴盛。导致了"太阳从一个发光的天体变成世界的创造者、保护者和奖赏者，实际上变成了一个神、一个至高无上的神"。

我国从黄河流域到长江流域，从内蒙古阴山山脉到广西宁明花山，从东北到西南，各地都存在太阳神和太阳崇拜的各种早期的图画或岩画。这些图画非常简单，但有一个共同的特点，即一人或多人高举双手以祈求日出，这反映了早期先民对太阳神的崇拜。事实上太阳神信仰作为自然神灵观念的一个重要内容，至今仍遍存于中国各个少数民族的生活和信仰之中。如云南大理的白族人认为，日神驱除云雾之后，庄稼才能成熟，所以日神是他们的保护神。云南德宏阿昌族人相信，"有了太阳和月亮，才有白天和黑夜、冷与暖，万物才会生长，人才有吃有穿"，故而他们信奉太阳神，并常年祈求太阳神对他们的护佑。云南永宁纳西族也视太阳为大神，认为只有太阳的存在，万物才能生长。云南拉祜族人传说中，他们的祖先扎迪和娜迪从葫芦里生出来，就直奔向太阳，寻找新的生活，因此拉祜族世代崇拜太阳。太阳崇拜的形成也可以在彝族神话《三女找太阳》中得到印证。"古时天上有七个太阳，阳光如乳汁滋润和哺育了人间万物，那时树木常青，鲜花不败，庄稼一年七收，牛羊一年七孕，人们日子幸福美满。后来怕光的夜猫精变成鹰嘴铁人，拔下身上的羽毛作箭猛射太阳，许多先民为之付出了生命。最后，勇敢的三位彝族少女承担了重任，她们历经千难万险终于找到了太阳，她们临死前使出最后气力向太阳高呼：'太阳啊，快快升起来吧！'太阳受到感动，终于不顾险恶，照耀大地。"可见，在古代农耕民族的生活和神话传说中，太阳神长期作为保护神而受到崇拜。在远古的先民看来，太阳神不仅是人类的保护神，也是慷慨的赐予者和丰产之神，在诸多神灵之中，太阳神是最伟

---

① 《管子》，房玄龄注，刘绩补注，上海古籍出版社2015年版，第275页。

大的神，是天地间的最高主宰者和最尊贵的自然神，历来被视为世界万物的创造者。

远古先民在对太阳崇拜的过程中也逐渐形成了神鸟崇拜，因为他们认为太阳没有翅膀却能在天空中运行，一定是有神鸟托负着太阳在飞翔，神鸟成为至高无上的太阳神的化身，成为人们心中的梦想和精神家园的寄托。先民们对太阳和神鸟的无限崇拜，成为繁衍生息的精神支柱和力量之源。

阳光是万物之灵，太阳散发的万丈光芒洒遍高山江河，抚育了大地生灵，远古时代先民们视太阳如大地的灵魂，万物的主宰，他们深知没有了太阳，人类就没有存活的条件和机会。在漫长的岁月中，先民们对太阳的认知也随着社会生产力的发展逐渐发生变化。这种演变是一个缓慢的过程，经历了上千年的光阴，在漫长的时光中，远古中国先民的太阳崇拜大体上可以分为三个阶段：

第一阶段是太阳崇拜的形成阶段，即对太阳形象的崇拜，换言之，也就是先民此时还未将太阳与人结合，只是将太阳与某些动植物联系起来，通过神化某些动植物，来瞻仰太阳的无尽神力。这在新石器时代中期十分盛行。在中国上古时期少数民族神话中，太阳神形象较多地与鸟、龙或蛇联系起来，如云南彝族对太阳与虎同时崇拜，认为太阳由虎眼变来，虎成了日神的动物象征。在南方，少数民族则用竹筒表示太阳，比如阿昌族与景颇族人用竹筒或其符号表示日神。在此阶段，虽然存在一些雕塑、雕刻或绘画的人的形象，比如内蒙古、新疆岩画，也有人面与鱼相结合的图案，如仰韶文化出土的人面鱼纹彩陶盆，但这一时期并无太阳与人的形象结合的图案。因此，这一时期主要是对太阳超自然力量的崇拜。太阳崇拜在这一阶段表现得非常直观而朴素，它与图腾信仰相掺杂，又与万物有灵观念相混糅。这是在低级水平上把对太阳的认识拘囿于朴素的感性形象内的阶段。

第二阶段是太阳崇拜的发展阶段，即对人神合一的太阳神的崇拜，人神合一的太阳神不仅具有人形，还具有人性。此时太阳已上升到神的地位，先民对太阳发挥了各种想象，这些想象也就是太阳神话的来源。这一阶段始于新石器时代晚期。在此阶段，由于人类生产力水平的提高，祖先崇拜及英雄崇拜的盛行，人们将太阳崇拜及英雄崇拜结合起来，从而形成了人神合一的崇拜。这时，人们已经认识到了首领对于社会的重要性，一些部落首领凭他们的人格力量、智慧力量和领导能力赢得了人们的信任，人们像对待神一样崇拜着他们，太阳神形象已基本人格化，部落首领有时兼具这一形象，崇拜太阳的部落或民族很容易把他们的首领或王神化，与日神联系在一起。中国上古时代的伏羲、羲和、帝俊、太昊、少昊、黄帝、祝融、炎帝、颛顼等形象均被视为日神形象，中国古代传说中的后羿射日、夸父追日等美丽的神话传说就是这一时期的产物。《淮南子》中关于尧时十日并出的记载，都是把太阳当成有意志的神灵来看待。既然是神灵，就要祭祀。甲骨卜辞中有许多崇拜日神的记录。人神合一的太阳神崇拜一直延续到商代。《礼记·祭义》记载："郊之祭，大报天而主日，配以月。夏后氏祭其暗，殷人祭其阳。"① 可见夏商时期太阳神是被作为主宰上天的神来崇拜的。《尚书·汤誓》记载："时日曷丧，予与汝皆亡。"② 意思就是夏朝末代国王夏桀是我们的太阳，什么时候你才会衰亡，我愿与你一同消亡。把国君比作太阳，正是太阳崇拜人神合一的一种表现。《帝王世纪》记载："天之有日，由吾之有民，日亡吾乃亡也。"③ 意思就是天上的太阳一旦消失，那么我们商朝臣民也就到了消亡的尽头，这也反映了商人对太阳的崇拜。

第三阶段是太阳崇拜进一步升华的阶段，即对太阳的崇拜上升为对天的崇拜。这一阶段始于周代，周代是一个讲究礼制的朝代，太阳已不再作为一个单独的个体被崇拜，而是与月、星等天体一起被崇拜。尊奉"天帝"，"天子"观念由此产生。周代以后，历代帝王祭天时，无不以太阳为主，但它不再是单独崇拜的对象。日神已不再具有纯粹物质或自然的意义和特征，更多的成为真正的形而上的抽象神。

远古时代的太阳崇拜距今已有几十个世纪，面对同一个太阳，回顾古人走过的漫长历程，就是了解我们成长的历史，认真、深入地了解，就是对生命的尊重。

---

① 《礼记》，陈澔注，金晓东校点，上海古籍出版社2016年版，第538页。
② 冀昀主编：《尚书》，线装书局2007年版，第63页。
③ 皇甫谧：《帝王世纪》，中华书局1985年版，第18页。

二、远古神话与太阳崇拜

新石器时期是人类从蒙昧野蛮走向文明的过渡时期，这一时期也是早期先民的太阳崇拜文化形成阶段，即对太阳形象自身的崇拜，也就是说远古先民在这个时候对太阳的崇拜还只是停留在万物有灵的层面，还未将太阳与人结合，只是将太阳与某些动植物联系起来，通过对某些鸟类或植物的神化来瞻仰太阳的无尽神力。

（一）盘古开天地

中华远古先民与西方先民一样，多将对太阳的崇拜与创世神话传说相联系。但是中国的创世神话与信奉基督教的西方人认为世界是上帝创造的传说有所不同，中华先民多用盘古开天地或女娲造人等神话故事来讲述中国人的创世传说，并且将创世神话与太阳崇拜相结合，如盘古开天地的神话。据三国时期吴国徐整所著《三五历纪》记载，盘古开天地的情形如下：

> 天地浑沌如鸡子，盘古生其中。万八千岁，天地开辟，阳清为天，阴浊为地。盘古在其中，一日九变，神于天，圣于地。天日高一丈，地日厚一丈，盘古日长一丈，如此万八千岁。天数极高，地数极深，盘古极长。后乃有三皇。数起于一，立于三，成于五，盛于七，处于九，故天去地九万里。

另外，《五运历年纪》一书也写道：

盘古之君，龙首蛇身，嘘为风雨，吹为雷电，开目为昼，闭目为夜。死后骨节为山林，体为江海，血为淮渎，毛发为草木。

《述异记》卷上也有类似的记载：

今南海有盘古墓，亘三百余里，俗云后人追葬盘古氏之魂也。南海中有盘古国，今人皆以盘古为姓。

据考证，盘古墓位于广西来宾市。

另外，浙江古越民间一代一代口头流传至今的神话《盘古开辟天地》也对盘古开天地有描写：

远古时期，天地混沌。不知何时，天外飞来一只火红大鸟，在天和地缝处，下了个蛋。这个蛋最后成了精灵，孕育成了盘古。盘古长相奇特：驼峰头顶，大鸟嘴鼻，一对翅膀，手腿很长。见风就大，脚踏着地，头顶着天。他嫌天地间的合缝太窄了，就用头向上顶，用脚向下蹬，盘古死后，灵魂飞到了天上，成了雷公。他们身体的各部分，分别变成了日月、星辰、风云、山川、田地、草木。

从以上的记载来看，中华远古各地先民普遍流传着盘古开天地的故事，虽然内容略有差异，但意思大体相同。该故事讲述的是，天地初始，宇宙洪荒，天和地还没有分开之时，宇宙混沌一片。有个叫盘古的巨人，在混沌之中经过了一万八千年的孕育，有了旺盛的生命和无穷的神力。有一天，盘古突然醒来，睁开双眼，周围一片漆黑，什么也看不到，于是他拔下自己的一颗牙齿，把它变成威力巨大的一柄神斧。他抡起神斧用力向周围的黑暗之处猛劈过去，只听一声巨响，漆黑混沌的东西渐渐分开，发生神奇的变化，其中轻而清的东西缓缓上升，变成了天；重而浊的东西慢慢下降，变成了地。天和地分开以后，盘古在天地间不断长大，天每日升高一丈，地每日增厚一丈，盘古每日生长一丈。如此一日九变，又经过了一万八千年，天变得极高，地变得极厚，盘古的身体也变得极长。天和地逐渐成形了，盘古也累得倒了下去。盘古倒下后，身体发生了巨大的变化，左眼飞上天空变成了太阳，给大地带来光明和希望；右眼飞上天空变成了月亮，两眼中的液体洒向天空，变成夜里万点繁星。四肢变成了大地上的东、西、南、北四极；肌肤变成了辽阔的大地，头颅化作东岳泰山，脚化作了西岳华山，左臂化作了南岳衡山，右臂化作了北岳恒山，腹部化作了中岳嵩山；血液变成了奔流不息的江河，汗水变成了滋润万物的雨露，挥洒出来的汗珠变成了地面的湖泊，毛发变成了草原和森林，呼出的气体变成了清风和云雾，发出的声音变成了雷鸣。盘古虽然倒下了，但他用自己的生命和身体创造出一个充满生机的世界，人世间从此有了阳光雨露，大地上有了江河湖海，万物滋生，人类开始繁衍。

盘古化身万物，创造了世界，为人类带来光明和美好生活。为了纪念这位创造世界的圣祖，后人在南海为他修建了盘古氏之墓，在今广西桂林修有盘古祠，每年有许多人前往祭祀。

盘古开天辟地的故事，显然是中华先民对人类始祖的神化，体现出中华先民向往光明，为造福人类社会无私奉献的伟大精神。中华先民不仅用简朴的言语记录了盘古开天地的壮举，而且还将中国创世的神话传说与太阳崇拜和神鸟崇拜相结合。

（二）"十个太阳"神话与太阳崇拜

在太阳神话的起源和流传过程中，影响最大、最为重要的神话之一就是十日神话。据《山海经·大荒南经》记载："东南海之外，甘水之间，有羲和之国。有女子名羲和，方日浴于甘渊。羲和者，帝俊之妻，生十日。"①《山海经·海外东经》也记载："下有汤谷。汤谷上有扶桑，十日所浴，在黑齿北，居水中，有大木，九日居下枝，一日居上枝。"② 相关历史文献多有"羲和生十日""十日神话"等记载，这些传说与三星堆出土的青铜"太阳神树"是可以互相印证的，都是早期先民关于十日神话信仰直接而有力的证据。而金沙太阳神鸟所表现的"太阳崇拜"现象是对十日神话的继承和发展。

---

① 《山海经》，郭璞注，郝懿行笺疏，沈海波校点，上海古籍出版社2015年版，第352页。
② 《山海经》，郭璞注，郝懿行笺疏，沈海波校点，上海古籍出版社2015年版，第275页。

据《山海经》等文献记载，帝俊是中国神话传说中的天神，其身份如同希腊神话中的宙斯，是东方的天帝，他有多位妻子，其中一位妻子名叫羲和，他们一共生了十个太阳儿子。另外，帝俊与常羲生了十二个月亮女儿，此外他还有许多后裔。帝俊与羲和所生的十个儿子，既有人与神的特征，又是金乌的化身，是长有三足的踆乌，也就是会飞翔的太阳神鸟，他们居住在东方海外的汤谷。《山海经·海外东经》记载：汤谷位于东方的黑齿之北，汤谷中生长着一棵扶桑神树，十只太阳神鸟就栖息在扶桑树上，九只在下面，一只在最上面，它们经常在汤谷中洗浴。另据《山海经·大荒东经》记载："汤谷上有扶木，一日方至，一日方出，皆载于乌。"① 这段话的意思就是说，这十只太阳神鸟就是天上的十轮太阳，它们每天轮流值班，一只太阳神鸟从东方扶桑神树上升起，化为金乌由东向西飞翔，到了晚上便回落在神树上。十个太阳每天轮换，从东到西，将太阳的光和热洒遍世界的每个角落，从而使大自然和人类都十分和谐，于是人们都感恩于太阳给他们带来了时辰、光明和欢乐，无不对太阳顶礼膜拜，充满崇敬和感恩之情。"十日神话"表达了远古先民融于神话之中的对太阳东升西落现象的观察和感受，也是太阳崇拜的一种表现。

（三）东君神话与太阳崇拜

在中国古代南方神话体系中，东君就是太阳神。楚国伟大的诗人屈原在祭祀太阳神东君的颂词中写道：

温煦的光辉将出自东方，把我的栏杆扶桑照亮。我轻轻拍着马安详行走，从皎皎月夜直到天色明亮。我驾着龙车借着那雷声轰响，载着如旗的云彩舒卷飘扬。长叹一声，我将飞升，内心充满眷恋彷徨。我的声势容采之美多么迷人，人们安于此景忘记还乡。弹着瑟，敲起鼓，鸣钟摇动钟架柱。奏着篪，吹起竽，太阳神啊多美好。轻盈起舞舞步急，唱诗合舞好热闹。歌合律，舞合拍，众神遮天蔽日全驾临。青云当上衣，白霓作下裳，我挽起长箭直射天狼。抓起天弓反身西降，高举北斗痛饮桂花酒浆。抓紧缰绳继续飞

---

① 《山海经》，郭璞注，郝懿行笺疏，沈海波校点，上海古籍出版社2015年版，第338页。

驰，在幽暗中我奔向东方。

以上伟大诗人屈原对东君的描述，使人深深地感受到太阳神东君的磅礴气势，英发雄姿。楚国居中国南方，气候适宜，风调雨顺，其先民对太阳神无比崇拜，因而他们都以最美好的颂词来赞美太阳神的伟大和对人类的贡献。东君神话反映了南方远古先民对太阳的崇拜与向往。

（四）夸父追日与太阳崇拜

据《山海经·海外北经》记载："夸父与日逐走，入日。渴欲得饮，饮于河渭，河渭不足，北饮大泽。未至，道渴而死。弃其杖，化为邓林。"[1] 另据《山海经·大荒北经》记载："大荒之中，有山名成都载天。有人珥两黄蛇，把两黄蛇，名曰夸父。后土生信，信生夸父。夸父不量力，欲追日景，逮之于禺谷。将饮河而不足也，将走大泽，未至，死于此。"[2]

传说南方有一个部落首领名叫夸父，他身材魁梧、力大无穷。他为了弄清太阳为何发出光和热，为了让人们能够合理利用阳光以及熟悉大自然的规律，于是追逐太阳，与太阳竞走，想把太阳从天上摘下来。但一路走来，口太渴，他喝光了黄河的水，还不能满足，准备再到大泽喝水，但还未走到大泽就力竭而亡。临终前，他抛出手中的拄杖，化为一片桃林，为以后的人们庇荫解渴。

夸父追日神话是中国最早的几个著名神话之一。神话中巨人夸父表现出无比的英雄气概，他为心中的理想，敢于追赶太阳，和太阳赛跑，最后在半路上牺牲了。夸父追日的故事虽然是一种神话，但是有着一定的象征意义，它是古代先民的文化自觉的一种表现，象征着他们对光明和真理的寻求，以及企图征服大自然的那种雄心壮志。夸父代表的是人民的精神力量，夸父临死，"弃其杖，化为邓林"，邓林就是桃林，夸父虽然牺牲了，但他那勇往直前的精神却令人敬仰，激励着更多的人为了追逐光明和寻求真理而不断前进。夸父追日神话是悲壮而昂扬的，这正是远古先民追求光明，希望探讨太

---

[1] 《山海经》，郭璞注，郝懿行笺疏，沈海波校点，上海古籍出版社2015年版，第264页。
[2] 《山海经》，郭璞注，郝懿行笺疏，沈海波校点，上海古籍出版社2015年版，第378页。

阳神力的一种表现。

（五）拯救太阳的神话

在土族神话中，太阳神叫那拉，那拉指点她的门徒——土族先民找到了打开世界宝库的钥匙——劳动和智慧。正当土族先民们勤劳运宝时，天上发生了一件特大盗窃案，一个九头魔王为了长生不死而偷喝天水，它每喝一口，天河水就下降一丈。一日，那拉见大地干旱，土族先民口干舌燥，便去天河打水以向大地遍洒甘露，但天河水却因妖魔偷喝而在几天内下降了好几千丈。那拉为了拯救她的门徒而与妖魔搏斗，却不幸被妖魔吞吃了。门徒们失去了那拉的指点，从此人间天昏地暗，冷风飕飕。为了拯救那拉，英勇的赫汗布勒背上金箭前去与妖魔搏斗。经过搏斗，终于战胜妖魔，解救出那拉，太阳神那拉又开始庇佑她的门徒。

土族流传的这个救日神话反映了太阳与人类和谐共存的情景，太阳是人类的保护神，但太阳也会面临邪恶势力的威胁，出现日食现象，因而人类发挥了自己的作用，驱赶恶魔，解救了太阳。在这个神话中不仅太阳是伟大的，而且人的力量也逐渐变得重要起来，甚至可以拯救太阳，也反映了古代先民不畏艰辛，改造自然，敢于与邪恶势力做斗争的无畏精神和决心。

（六）"射日神话"与太阳崇拜

"射日神话"与"十日神话"是相联系的。据西汉文人刘安记载："尧之时，十日并出，焦禾稼，杀草木，而民无所食。……尧乃使羿诛凿齿于畴华之野，杀九婴于凶水之上，缴大风于青丘之泽，上射十日而下杀猰貐，断修蛇于洞庭，擒封豨于桑林。万民皆喜，置尧以为天子。"[①] 传说帝俊和羲和所生的十个太阳，居住在东方海外的汤谷，每天轮流在天空运行，为世界带来了光明和温暖。

---

① 刘安：《淮南子》，陈静注译，中州古籍出版社2010年版，第126页。

但是，每天只有一个太阳出去，在无垠的太空中一个太阳就会感到寂寞无聊，因而这些调皮的太阳兄弟就不守规矩，一齐跑到天上来。当他们一起出现时，带来的光和热太强烈，从而对大地造成巨大的灾难，导致出现严重的旱灾。炎热的阳光烤焦了森林，烘干了大地，禾苗草木枯萎烧焦，河流湖泊都干涸了。大海也面临涸竭的危险，所有的鱼都死光了，水中的怪物便爬上岸来偷窃食物。有些人被太阳的高温活活烧死，成了野兽口中之食，人们在干旱和高温烈日下苦苦挣扎。《庄子·齐物论》云："昔者十日并出，万物皆照。"①《论衡·感虚》云："儒者传书言，尧之时，十日并出，万物焦枯。"② 为此，人们创造出"后羿射日"和"夸父逐日"等缠绵悱恻而又悲壮动人的神话故事，表达出渴求日柔雨顺的愿望。于是他们祈求上苍恩赐，让太阳的出行恢复正常。面对这种危机，帝尧命一位叫后羿的勇士去驱赶太阳。后羿天生神力，箭法超群，百发百中。他奉命后，即张弓搭箭，射向太阳，将九个太阳射杀，仅留下一个太阳，让它为人类和世界继续发光发热。此后，世界又恢复宁静和和谐，人们得以安居乐业。

除了在北方地区盛行射日神话，一些南方少数民族中也流传着射日神话，如壮族神话《候野射太阳》，说远古时天上只有一个太阳，后来雷公又造了十一个太阳。这些太阳同时出现在天上，使大地热得像火烧一样，所有的树木和庄稼都枯萎，鸟兽也大量减少，人们在白天只能躲到岩洞里，晚上才能出来寻找食物。这时有个巨人候野，他能拉动十二丈的弓箭，人们请求他解除灾难，于是候野决定射落其中的十一个太阳。他做成一张巨大的弓，又制作了十一支大箭，第二天早上他爬上山顶，那时十二个太阳一排挂在天边，候野张弓搭箭，接连射落十一个太阳，不料最后一个太阳吓得滚落到海里，再也不敢上来。大地变得漆黑一团，北风呼叫，寒风刺骨。最后人们想办法，让候野请求其母背着鸭子和公鸡来到大海中心，公鸡鼓着翅膀高声叫唤，一天一夜之后，太阳终于从海底升上来。最后，人们又过上了幸福生活。

射日神话的出现是太阳崇拜的另类表现，反映了人类面对天气异常、灾害频繁时，希望有一种力量能够改变自然现象，从而出现风和日丽的美好景

---

① 《庄子》，王岩峻、吉云译注，山西古籍出版社2003年版，第21页。
② 王充：《论衡》，上海人民出版社1974年版，第73页。

象。这与早期对太阳的盲目崇拜有所不同，体现了人的主观能动性，希望人的努力能够改变大自然。

但并不是所有的地方都流传射日神话，如南方一些地区的人们就不能接受射日神话，故而对射日神话大加批驳，甚至创作了反射日神话，对射日英雄后羿大加矮化，认为后羿射杀的不是太阳，而是河伯，并抢走河伯之妻洛神，平时田猎无度，荒淫腐败，因而他并不是英雄。由此可见，太阳崇拜在不同的地区有不同的文化内涵，反映了不同地区人的生产和生活情况。

三、神树：通往天堂的桥梁

  阳鸟皇皇，负托金日，
  出旸谷、浴咸池，拂于扶桑，平明见朝曦。
  阳鸟昌昌，负托金日，
  临曾泉、次桑野，对于昆吾，景正在午际。
  阳鸟堂堂，负托金日，
  至悲谷、靡鸟次，回于女纪，炫火渐沉西。
  阳鸟锵锵，负托金日，
  经泉隅、顿连石，薄于虞泉，霞彩绚消息。
  阳鸟央央，负托金日，
  沦蒙谷、入崦嵫，经于细柳，憩止虞泉池。
  灵知带景飞，君领阳之名。
  神气驭轮旋，君状阳之仪。
  ——王仁湘《古蜀人的金太阳——金沙村出土太阳神鸟金饰感怀》

  如果说太阳神鸟是光明的使者，是沟通人神的信使；那么，神树则是通往天堂的桥梁，在天、地、人之间搭起的一条快速通道。远古人类对神树有一种难解的情结，神树崇拜、神树图腾，渗入人类的日常生活，而神树崇拜、神树图腾又往往与太阳崇拜相联系。在古代中国所有关于神树崇拜、神树图腾的记载中，"扶桑"的传说特别引人注目。

（一）扶桑神树与太阳崇拜

扶桑已在渺茫中，家在扶桑东更东。
此去与师谁共到，一船明月一帆风。①

唐代诗人韦庄在送日本国僧敬龙回国时，以此诗作临别赠言，抒发了自己对好友的依依不舍之情，也道出了敬龙归国路途遥远，形单影只无以为伴的孤独与寂寞。诗中所说的"扶桑"则是指日本。在古代中国文学作品中"扶桑"二字时常出现，一般均将"扶桑"解释为传说中太阳升起的地方。因为日出东方，而神秘浩瀚的大海也在东方，古人便认为"扶桑"是海上一个极其邈远而十分神奇的地方；又因日本在中国的东边，且隔着茫茫东海，在那个交通条件极不发达的时代，人们的活动范围极小，远在海上的日本岛国对中国人来说，无异于传说中的"扶桑"那样令人向往而又遥不可及，慢慢地，"扶桑"也就成了中国人对日本国的代称。

其实，在远古时期的中国，扶桑最早是指神话传说中的一棵神树。这棵神树的神奇之处不仅在于其高耸入云，根深叶茂枝繁果硕，还由于其承担着送日上天的重任，因而倍受世人崇敬。古书上记载："汤谷上有扶木，一日方至，一日方出，皆载于乌。"② 扶木即扶桑的别名，说它长在汤谷（又名旸谷）之上，十个太阳分别由三足神乌驮着，一升一降，有条不紊地轮班上天，让阳光普照大地，给人间以温暖和光明。

世间果真有如此神奇之树！到底有何神力，居然连万物之神——太阳都得要顺着它才能升上天去！

据《山海经》描述：在大荒时代（人类的蒙昧时期，人烟稀少，茫茫大地到处一片荒芜苍凉的景象，是以称作"大荒"）有座山，叫孽摇頵羝山，山势高峻崔巍，凶险难攀。山上长有扶木，树干高三百里，其叶如芥，可遮天蔽日。此山上有个谷叫温源谷，又叫汤谷，也有扶木，此树乃扶木之

---

① 韦庄：《韦庄集》，人民文学出版社 1998 年版，第 5 页。
② 《山海经》，郭璞注，郝懿行笺疏，沈海波校点，上海古籍出版社 2015 年版，第 338 页。

王，高入云端，粗壮无比，远远望去，犹如一根擎天大柱直插九霄。驮运太阳的十只三足神鸟便栖息在此树上，它们一只一只轮流着把太阳送上天空。

扶木之王就是扶桑，扶桑虽然确实与日出有关，却是一棵送日神树。后世借以代称日本，仅取其遥远之意罢了。至于孽摇䫳羝山究竟在何处，人们不得而知，只知道在大荒中，也许每天太阳升起的地方那隐隐约约的山峦就是培育扶桑神树的孽摇䫳羝山吧！

（二）若木与太阳崇拜

说到扶桑，不得不说说上古神话中与扶桑齐名的另外两棵神树——若木和建木。在古代，这两棵神树连同扶桑神树并称"三桑"。这三棵神树犹如三根擎天柱屹立在天地间，起着接送太阳和沟通天地的作用。其中若木和扶桑相对，是供太阳降落和歇息的地方。古代有"东极扶桑，西极若木"之说。扶桑和若木就像是天地的两极，太阳沿着这两极升降运行便是一昼夜，也正是有了这两棵神树，人们才能在白天享受阳光的温暖和照射。傍晚，太阳入地，黑夜降临，告诉辛劳了一天的人们应该休息，积蓄精力以备来日劳作。

相传大荒之中的衡石、九阴和洞野诸山上，有种叶子呈青色，开着火红色花朵的怪树，树梢上停着十个太阳。十个太阳发出的耀眼光芒亮彻大地，乃至几千里外的地方都能看到。这棵怪树便是若木。太阳从扶桑上升起，绕天运行一周之后就降落在其上再转入地底下。古人曾这样描述太阳出没于扶桑和若木间的情景："日出于旸谷，浴于咸池，拂于扶桑，是谓晨明；登于扶桑之上，爰始将行，是谓朏明。"① 经一天的运行，"日垂西景在树端，谓之桑榆"。说的就是每天早晨太阳从东方扶桑神树上升起，到了晚上便落在西方若木神树上的事情。关于太阳在扶桑与若木间运行的路线及其与一天中时间的关系，古人有十分明确的划分。

传说天帝颛顼常携带他的九个美丽的嫔妃到下界卫丘西边的沉渊湖中戏水沐浴。天上的神仙到了凡尘后，都会受到俗气的侵袭，进而遭到死亡的威

---

① 刘安：《淮南子》，杨有礼注说，河南大学出版社2010年版，第195页。

胁。颛顼和他的嫔妃们在下界待的时间过长,有一天在务隅山行宫游玩时突然患疾不起,临终前,他将天帝的位置传给喾,便阖目而逝。他的妃子们也因悲伤过度紧追而去。

喾即位为天帝后,宽厚仁慈,深得天地间众神祇的爱戴。在他执掌天地的初期,盘古开天时由双目化生的日月在天空中运行了太久的时间,这一对因过度奔驰而精疲力竭的日月渐渐神力消散,光芒锐减。就在这天地昏聩,人心惶惶的紧要关头,帝喾的两位新婚夫人常羲、羲和,分别感日月的余光而怀孕。一年后,当盘古化生的日月消失于天空的时刻,随着一阵嘹亮的哭声,从帝喾的寝宫射出的一片片耀眼的光芒照亮了天地。

从此,羲和生的十个太阳儿子轮流飞翔在白昼的天空,常羲生的十二个月亮女儿则交替飘飞在静谧的夜空。为约束这群调皮的孩子,帝喾命时间神噎鸣住在大地的西极,掌管日月星辰的运行。

在东方大荒的甘渊,发源于归墟的甘水汇注在这里,羲和也住在这里,每天日暮时分迎接从西方地下转归的儿子,用清凉的甘水,洗涤这火热的孩子满身的征尘。然后把他们送上旸谷的扶桑树上休憩。在这树上,九个太阳在下枝上睡觉,一个太阳在上枝上准备出行。每天早晨,扶桑树上的那个太阳就骑着金黄色的三足神鸟跃入天空,出日月门,经过一个上午的奔驰,正午时分到达天顶;然后,再经过一个下午的奔驰,进日月门,黄昏时分进入西方地下转归东极。

(三)建木与太阳崇拜

建木也是一棵通天神树,不过,它不像扶桑和若木一样是为承载太阳而生的神树,而是一棵供神人上天入地的天梯之树。据《山海经》描述,建木是青色叶,紫色茎,形状如牛,开着玄花,皮如黄蛇,百仞无枝,果实如蓖麻,叶子还不时地泛着光芒的一棵神树。

据说,黄帝为天帝时,在天与地之间搭造了许多天梯供神人使用,且不同的天梯供不同的神使用,界限分明,颇为严格。如西北昆仑山天梯,供黄帝本人使用;中山的青要山天梯,也供黄帝本人使用;西南都广野的建木天梯,供众神使用;西北大荒的登葆山天梯,供巫师使用,以上呈民情,下达天旨；华山青水边的肇山，供修行之人（如柏高）上下于天时使用；另外北方海外的寻木，东方海上的扶桑和西方荒野的若木偶尔也可做天梯使用。

作为众神使用的天梯建木，是黄帝为方便众神而建在天地的中心都广之野的。在西南的都广之野，平原绵延千里，大地像块煎饼平铺天底下，一直延伸到天的尽头。在这里，天天都阳光明媚，微风和煦，一年四季，五谷丰登，出产的米、黍、麦、豆，光滑白腻，如玉如脂。五彩缤纷的鸾凤在茵茵绿草地上尽情歌舞，千奇百怪的飞禽走兽在百花盛开的原野上玩耍嬉戏。草木四季常青，灵寿树竹节般的枝条上，缀满芬芳美丽的花朵，青城山上流下的清澈溪水在这里汇成小河，在平原上蜿蜒穿过，向东南汇入大海。

传说在都广之野的中央，矗立着一棵高耸入云的神梯——建木大树。正午阳光照耀在大树上，没有一点影子，原野空旷如寂，即使在这里大吼一声，声音也会消失在空气中，没有半点回声。唯有神木一株，岿然挺立于天地间，风刮雷劈，千年不动。它细长的枝干笔直地耸入云霄，两侧不生枝条，只在树的顶端，才生有一些弯曲的枝叶，盘绕起来形成一把黄伞，树根盘曲交错，形成一道篱笆护住树身。一扯树干，就有软绵绵的树皮剥落下来，像缨带，又像黄蛇。

（四）三星堆青铜神树与太阳崇拜

古代中国对神树的崇敬非常普遍，特别是在偏居西南一隅的蜀中大地，对神树的崇拜更为突出。传说中的都广之野就是成都平原。

1986年，在四川广汉三星堆遗址发掘了两个大型祭祀坑，出土了三株青铜质的神树，无论是在中国考古史上，还是在世界各地载入史册的重大考古发现中，三星堆古蜀遗址出土的青铜神树都称得上是一件绝无仅有且极其奇妙的器物。无论是其穹隆形的底座，还是三层九枝上神奇的花果和立鸟，以及树干上那条奇异的神龙，都显示出某种浓郁的象征意义，使人惊讶和赞叹。

虽然在经过数千年漫长的湮没之后，三星堆青铜神树蕴含的信息早已变得遥远模糊，但仍然显现出巨大的魅力和艺术震撼力，这促使人们在震撼和惊叹之余想要探个究竟：古蜀人采用极其高超的青铜工艺和造型艺术技巧铸造的这件充满了神奇想象力的青铜神树到底是作什么用的呢？

要探究这个秘密，首先我们必须了解古蜀先民的生活背景。古蜀之地，偏居西南边陲，盆地地形，四周高山突起，山势崔嵬，道路崎岖，"蜀道之难，难于上青天"在古代是出了名的。李白曾用"黄鹤之飞尚不得过，猿猱欲渡愁攀缘"来形容蜀道，足见其艰险。由于交通不便，蜀地百姓与外界的联系比较少，活动范围囿于一隅，便激发了他们探求外部世界的好奇心。他们无时无刻不想着像天空中的鸟儿一样飞出崇山峻岭，到外面的世界去看看，开开眼界。可恨自己又没有鸟儿一般能自由飞翔的一双翅膀，只好望着天空哀叹，整天做着升天美梦。传说在一个多雾的清晨，人们像往常一样趁着暮色忙稼穑，雾气随着微风轻舞，在田间相互追逐嬉戏，远山上的鸟儿刚从睡梦中清醒过来，便放开婉转的歌喉嘹亮地竞相歌唱起来。辛劳的人们踏着晨歌，在自己赖以生存的土地上忙碌着。远望灵山（传说中蜀地东边的一座神山）之巅，烟雾弥漫。浓云堆集处，层峦叠嶂，沟壑纵横，山峰在浮云中若隐若现，不知过了多久，天空开始放亮，东边的天空逐渐变红。又过了不知多久，一道金光刺破浓雾，接着，火红的太阳破云而出，慢慢地升上天空。这时，人们看到太阳升起的地方，一根赤色大柱赫然挺立，其底部没在灵山之巅浓雾聚合如峡谷处，顶部一头插入九霄。太阳随着这根大柱慢慢攀升，越来越高，大柱也紧随太阳的上升而上升，直到太阳挂上天穹，光芒越来越刺眼，整个大地一片光明，大柱才消失。对于这根大柱为何物，人们开始了各种猜测，有人认为是根通天铜柱，顺着这根铜柱人就能像太阳一样上天；也有人认为这是一棵神树，能通天地，而且这棵神树就长在灵山之巅浓雾聚合若峡谷处，并称之为"旸谷"，所谓"日出旸谷，……登于扶桑"[①]就是由此而来的。蜀民出于对登天的向往，把假想中的神树用青铜制出，不仅放于庙堂之上，朝夕膜拜，还随葬于棺木之中，望死者灵魂能由此而升天，是以有三星堆遗址中出土的神树。

古蜀人看到的立于灵山之巅的那根大柱，就是神树传说的源头。这根大柱是怎么回事呢？根据当今的天文知识，有种猜测，认为古人的神树观念源自一种叫太阳光柱的自然现象，太阳光柱类似于晕轮。天气好的时候，可以看到太阳上下立有一根红色光柱，光柱会随着太阳的上升而上升，太阳则沿

---

① 刘安：《淮南子》，杨有礼注说，河南大学出版社2010年版，第195页。

着光柱逐渐升高。出现于灵山之巅的那根大柱就是一根红色的太阳光柱,而这一切在古人看来,就是天造的神树,太阳是沿着神树升起或降落。

太阳光柱的现象在古代往往被看作天象的征兆,预示着人间的善恶吉凶。为此,历代封建王朝还设有专职官员经常对其进行观测,随时向朝廷汇报。据《周礼·春官》记载,"眡祲掌十煇之法,以观妖祥,辨吉凶"。其中"眡祲"就是这类专门通过观测日晕来辨别善恶吉凶征兆的官员。

著名的三星堆青铜神树其树座呈圆"山"形,主干为三节,主干顶上一个大花托托着一个巨大的果实;树干上套铸有三层树枝。第一层树枝靠近根蔸,第二层树枝居树干之中,第三层树枝靠近树的顶端。三层树干又各分有小枝杈,枝杈上铸套有镂孔炯纹圆环。每层树枝上都有"仙果",果实上站立一鸟。三层树枝共有九枝树杈、九只鸟,树的另一侧,嵌铸有一条巨龙,尾上头下呈腾挪之势。青铜神树分为三层的树枝上共栖息着九只神鸟,显然正是"九日居下枝"的写照。在青铜神

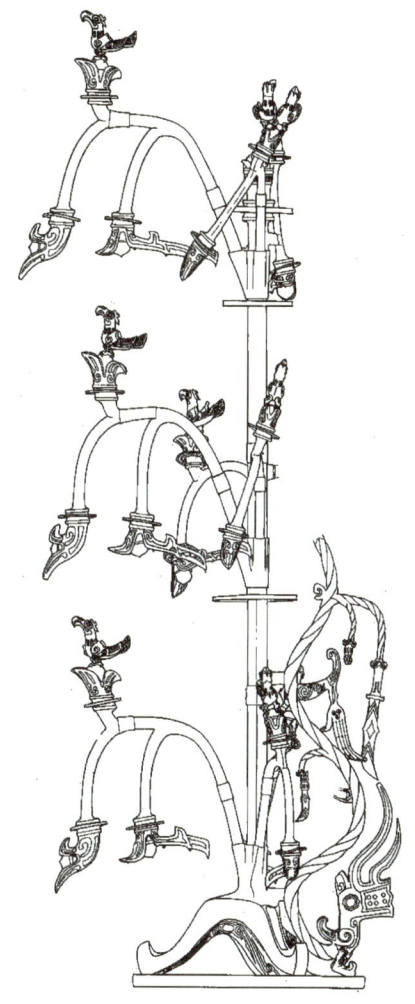

三星堆遗址出土的青铜神树

树的顶部,还有出土时已断裂尚未复原的部分,据推测应该还有象征"一日居上枝"的一只神鸟。与青铜神树同时出土的还有立在花蕾上的铜鸟、人面鸟身像等,很可能其中的一件便是那只居于神树上枝的铜鸟。栖息于青铜神树上的九只神鸟都长着鹰喙与杜鹃的身子,鹰是翱翔长空的猛禽,杜鹃是深受蜀国先民喜爱的禽鸟,将它们的特征融合成这种具有复合特征的神鸟,大概就是古蜀人想象中太阳精魂——日中金乌的形象吧。而青铜神树的底部,在圆形圈足上面是如同山丘一样隆起的底座,与《山海经》等典籍中所说的

供群巫升降天地的灵山相像。又因为古书中说灵山位于若木附近，说明灵山与若木有着非常密切的关系，因而，这棵底座铸成灵山形状的青铜神树似乎又是西方太阳神树若木的象征。三星堆青铜神树那高大茂盛直冲云霄的形状以及栖息在树枝上栩栩如生的神鸟，不就是传说中那棵活灵活现的扶桑神树吗！

从这棵残高395厘米的神树造型可以看出这棵神树对古蜀人来讲是何等的重要。三星堆遗址中出土的青铜神树具有重要的象征意义，如数字上有"九"和"三"的重要象征意义，青铜神树有九枝、九鸟、九果，而"九"是中国古代最高之数，是极限，是其他任何数字都无法超越的；青铜神树分为上、中、下三层，这三层的含义有可能代表了最原始的"天、地、人"三界的概念；神树一侧的巨龙，犹如从天而降，并贯穿于天、地、人之间。这就是一棵立地通天的参天神树，即天神上下的天梯，神树就是古人对天梯最直观的表现，神树亦是古蜀先民用于祭社的"神圣之树"。由于树的生命长于人类和其他动物，每年抽新芽发新枝不断开花结果，它意味着生命的不断诞生和延续。

三星堆青铜神树显然是棵具有复合象征的通天神树，它不仅是神话传说中扶桑与若木的象征，也是天地之中建木的生动写照，那繁茂的树枝和花朵、果实，确也与"玄华黄实"的建木有几分相似。那条攀缘在青铜神树上，尾在上头朝下的神龙，也有巧妙的构思和丰富的含义，应是一条从天而降的神龙。既然神龙能从天上经过神树来到人间，那么传说中经常乘神龙而行的神仙自然也能通过神树上天下地，自由往来于天上人间。可见，青铜神树不仅与太阳神话有密切关系，同时也奇妙地展现了"建木在都广，众帝所自上下"的情景。"都广"也就是"广都"，指的是古蜀时代的成都平原。因而古蜀人制作的这棵具有丰富象征含义的青铜神树，也可以说是古蜀人神树崇拜观念的一种体现。

如前面所说，在古蜀人的心目中，这个世界是非常广阔的，水土丰茂的成都平原和繁荣昌盛的古蜀王国是他们世俗生活的中心，王国之外是遥远的周边区域，而在这个世俗世界之上，他们认为还有一个未知的神灵居住的天上世界。所以，想象力极其丰富的古蜀人设想通过太阳神鸟和太阳神树与上天相通，通天神树作为沟通地上世俗世界与天上虚幻世界的天梯，将人与神直接联系，令人与太阳亲密接触。

将对通天神树的奇异想象和盛行于东方世界的太阳神话结合在一起，运用高超的雕塑造型技艺和娴熟的青铜铸造技术铸造的极其精美而又神气无比的青铜神树，将其形象而生动地表现出来，这无疑是古蜀人的一大创造。

（五）中华各地的神树传说

具有复合特征和丰富内涵的青铜神树，在古蜀人的精神世界里，显然占据着非常重要的位置。在由众多的青铜造像表现的盛大祭祀场面中，这棵青铜神树很可能摆放在中央最显眼的地方，作为沟通人神往来的重要器物。这棵青铜神树，成为古蜀人一种精神追求和信仰崇拜的象征。在以后漫长的历史岁月里，古蜀人的这种精神追求和信仰有了进一步的发展。他们希望有一座登天的梯子，能和众神们往来，而众神们居住的天堂又是一个长生不老的美妙世界。后来，在岷山之域的鹤鸣山中创教的道家便吸收了这种观念，促使了中国本土宗教的崛起。

远古时代，人类对自然规律缺乏深刻的认识，挑战自然的能力不高，对外界事物的依赖很强，总认为有一种超自然的力量存在，这种力量化身于某类事物身上，因而尊崇这类事物就是对这种超自然力量即神灵的尊敬。在他们看来，万物有灵，树也有神灵，因而对树的崇拜相当盛行，这种风俗在一些少数民族中长期保持下来。如有部分苗民祖先所崇拜的神灵之一就是树木，并延续到现在，成为这个部落顶礼膜拜的神明。据传说，岜沙人的先祖在逃避追杀的危急关头，是他们后来生存其中的那片浩瀚无际、遮天蔽日的原始森林拯救了他们，并完全接纳了他们。其后，岜沙人就长期生活在树林中。岜沙人的生活离不开树，树给了他们房子、火，树为他们挡风遮雨，树为他们守护庄稼，森林为他们提供猎物⋯⋯因此，他们世世代代爱护树木、崇拜树木。而他们在生活中也发现，树被剪枝后会生长得更好，但如果将四周和头顶的枝丫全部砍去，树就会死亡。人如果不慎折断了腿脚、手臂，也能继续生存，但如果掉了脑袋则必死无疑。头顶的头发就相当于树顶的树叶，树顶的叶子如果全部落光，也就表示树要死亡了。因此，头顶的发髻必须终生保留，不得损伤。

古夷陵（今宜昌市）土城的蜡树坳有一棵古树，被人们称为"蜡树王"。"蜡树王"生长在山坳大道北侧裸露的峭壁上，离地面约3米。这是一棵古老的白蜡树，根系横向伸进岩石里边，经历多年的雷轰电击不死不灭而坚强地活着。树干高3米多，一人难以环抱，下部直径约70厘米，状如巨大的盆景。主干为枯灰色兼有青灰色，凹凸不平，从上到下满布一些大裂缝和大空洞。顶部横向生出几枝短而粗壮的枝丫，枝青叶绿，十分茂密，既有一副老干枯枝古色古香的状态，又有一种青春焕发生机盎然的俊俏。老蜡树历经沧桑世变和雷雨风霜仍挺立于峭壁之上，显示了她古老与新生并存，衰朽与活力兼备。有人推算她已有1000多岁了，感到十分神奇，视之为"神树"。根据传说，古时候有一贩卖禽畜的商人，赶着猪、牛、羊路过这里时向老蜡树乞求财运亨通，如果有求必应，灵验如愿，他日当隆重拜谢，还建庙供奉。这商人贩卖的禽畜，长途跋涉，无病无损，数量还有增加，在几个州府销售价格攀升，利润丰厚，真的发财了。他为"还愿感恩"，特别给老蜡树焚香披红，在山坳路北台地上修筑了一座小庙，雕刻一尊木偶神像供奉在庙内。修建小庙以后，前来朝拜的人需要沐浴净手以表虔诚。后又乞求老蜡树给山坳赐水。过了几天，山坳东头路边崖缝中涌出一股清泉。清泉出口处的青石板上，由于泉水长流还形成了碗大的石窝窝，名谓"一碗水"。人们视这"一碗水"为神水。1959年春，古白蜡树枯而复绿，惊动了远近百十里的人。一群群人赶来烧香磕头，拜神树，喝神水，乞求祛病免灾。现在小庙遗迹尚存，老蜡树和"一碗水"依然如故。

人类都是有共性的,哪怕在原始社会各部落之间由于地域上的隔离,交往极少甚至根本没有交往,但在一些习俗和信仰崇拜方面却有着惊人的相似之处。比如,"妈妈"这一称呼,虽然世界各国各民族都有所不同,但基本的发音还是相差不多。

(六) 世界各地的神树传说

神树崇拜不仅盛行于中国,在西方国家同样很普遍。从现存的古代器物图案上我们可窥其一二。外国的神树与中国的神树在与太阳的联系方面有很多共同的地方。中国的神树一般是高大挺拔,直冲云霄,并且树上有日,由神鸟驮负,而外国的神树同样如此。从米坦尼印章上我们可以看到:神树屹立于天地之间,接受神人的朝拜,一只老鹰状的太阳高悬树端。

当然也有像中国神树一样一树多日类型的外国神树,如印度神话中的宇宙树,一棵树有三个分叉,分叉中央是个大太阳,每一分叉的末梢有一个小太阳。

外国的神树为什么和中国的神树有如此多的共同之处?在原始蒙昧的时代,世界各地的先民过着相对与世隔绝的生活,根本就不存在彼此间的交流,他们怎么会不约而同地把太阳和神树联系起来了呢?

古埃及画上太阳从天树上升起

米坦尼印章上的日树

印度神话中的宇宙树

印度太阳神树

要解开这个有趣的谜题，我们不妨插上想象的翅膀回到数万年前的原始社会去看看，了解他们为什么会对神树如此情有独钟。

在距今数万年前的世界上，人烟稀少，天广地阔，除极少地方有人类活动的痕迹之外，绝大多数的土地都处于一片片浓郁茂密的原始森林的覆盖之中。由于没有遭受过多的破坏，大多数树木都能自由地生长，几十年，几百年，甚至几千年的参天古木比比皆是，飞禽走兽栖息其中，自然界的生存法则是大吃小，凶残弱，优胜劣汰，地上到处都是凶猛的野兽，饥肠辘辘地伺机寻找食物。娇小的鸟儿们惧怕猛兽的袭击，只好将巢穴筑在高高的大树上，凭借一双灵巧的翅膀飞翔觅食，嬉戏玩耍。人类既没有鸟儿一般灵巧的翅膀，也没有猛兽一般壮硕的体魄，势单力薄，时时都会面临猛兽的威胁。偶尔，他们在遭遇危险的时候，就会攀缘到树上躲避一下，待危险过后，再回到地上。在骄阳似火、风暴肆虐的日子里，大树还能为他们遮风挡雨，躲避自然灾害的侵袭。树木的果实也能成为他们充饥的食物，枝叶也可以用来搭建房屋，等等。树木在人类的生活中是不可或缺的，因而他们对树木又是心存感激的，以至许多先民都把树木当作生命树，当作给予自己生命的母亲来敬仰崇拜。

同时，由于人类对天空的向往没有过丝毫减退，无论是中国各族的先民，还是世界其他各国各民族的先民，无时无刻不做着上天美梦。湛蓝高远的朗朗天空对他们来说极具诱惑，他们总是期待着有一天能通过什么途径到天上去看看，了却平生最大的愿望。他们目睹了一株株小小的树苗，经过数年或数十年的成长，长成了参天大树的事实。他们绝对相信，只要假以时日，树木一定会不断向上生长，终究会长到天上去。人们只要顺着树向上攀，也会到天上去，所以，他们不停地祈祷，不停地祝愿，希望树木能快快生长，尽早让他们实现愿望，这一祈祷形式不断地演变，最终成为对神树的崇拜，中国如此，外国也如此。

那为什么西方神树上的太阳长有翅膀呢？这恐怕还与人们向往飞翔有关，古人始终弄不明白为什么鸟儿能飞翔，进而认为只要能上天的东西，必定都长有一双能飞的翅膀。所以关于太阳的许多传说中，都将其想象成飞鸟一样的动物。这一点，全世界都是相同的。我们仔细观察自然现象，会发现，其实长翅膀的太阳也是有原型的。早上日出之时，在东方的天空中太阳升起的地方，通常会有很多云彩，这些云彩或明或暗，或花团锦簇，将太阳环绕，或一线排开，成羽翼状。太阳藏身其中，微露笑脸，随着云彩慢慢爬上天空，极像一只巨大的苍鹰展翅飞上天穹。所以，不管是中国还是外国，蒙昧时代的人类总把太阳和飞鸟联系起来，甚至用飞鸟形象代替太阳的形象。又由于日出地平线，远远望去，就像是从天地连接的地方的树木上升起，因而，不管什么地域，也不管什么民族的先民，即使在相互隔绝的情况下也不约而同地把太阳崇拜和神树崇拜结合在一起就不足为奇了。

四、太阳崇拜的另类表现

远古时期,太阳崇拜在各族群中都普遍出现,而一切神话都源于太阳,因而远古中国出现的龙崇拜文化也与太阳崇拜有一定的关系,是太阳崇拜的另类表现。考古学家在距今6000多年前的城头山古城遗址发现了以原始宗教的祭祀、母性生殖崇拜为本源的龙易文化和太阳文化。对土地的耕耘产生了对太阳的崇拜,而龙崇拜正是对太阳崇拜及其他各类崇拜的综合和升华。

(一) 龙崇拜:虚拟的伟大神物

自然界中并没有腾云驾雾、呼风唤雨的神龙,被中国人长期崇拜,尊为动物之长乃至万灵之长的龙,实际上是远古以来中国人艺术想象、虚拟、神化的产物。龙的观念已经深入中国人的灵魂。几千年以来,龙一直与中国人的政治生活、文化生活紧密联系,中国人也以龙的传人自居。

对于龙的形状,很多古代典籍中都有明确记载。《管子·水地篇》对龙进行了生动的描写:"龙生于水,被五色而游,故神。欲小则化如蚕蠋,欲大则藏于天下,欲上则凌于云气,欲下则入于深泉,变化无日,上下无时,谓之神。"[①] 有的典籍所叙述的龙的特异之处更加突出,它不仅是鳞虫之长,更俨然是动物始祖。《淮南子·地形》中云:"羽嘉生飞龙,飞龙生凤凰,凤凰生鸾鸟,鸾鸟生庶鸟:凡羽者生于庶鸟。毛犊生应龙,应龙生建马,建马生麒麟,麒麟生庶兽:凡毛者生于庶兽。介鳞生蛟龙,蛟龙生鲲鲠,鲲鲠生建邪,建邪生庶鱼:凡鳞者生于庶鱼。介潭生先龙,先龙生玄鼋,玄鼋生

---

① 《管子》,李山译注,中华书局2009年版,第209页。

灵龟，灵龟生庶龟；凡介者生于庶龟。"①

可以看出，自古时起，人们就已认为龙是具有玄妙神力的动物，故在上古时代，龙就被人们奉为神物。龙纹亦成为数世纪青铜艺术表现的主题，反映当时人们对于其神力的信仰之隆、尊崇之深。

在古人的观念中，龙是一种性情良好、温和仁慈的神物，它具有很好的德行，诸如龙眼识宝、龙行有雨、龙行熟路等。《龙经》云："夔龙为群龙之主。饮食有节，不游浊土，不饮温泉，所谓饮于清、游于清者。"而正因为龙是极不平凡的神物，身为"四灵"之一，最大的灵物，龙也就成了神学政治最重要的工具。旧传有"河图洛书"之说，河图亦称"龙图"。《宋书·符瑞志》云："赤龙、河图者，地之符也。王者德至渊泉，则河出龙图。"②《尚书》孔颖达疏谓："凤降龙至为成功之验。"③ 龙是天上神物，只有在国君德政清明时，才兆瑞祥。后世尊最高统治者为"真龙天子"所谓"飞龙在天，犹圣人之在位"。有关君王的种种，从容颜到骨相，从居处到行走，从言谈到文书，都被冠以"龙"字。与此相对应，普通民众也视龙为神物、灵物、吉祥之物。在中国，龙的形象更是应用极广，从飞檐到丹陛，从壁画到染织，从服饰到车辇，从衾被到画稿……生活中几乎随处可见。

龙的种类很多，三国魏张揖撰《广雅》云："有鳞曰蛟龙，有翼曰应龙，有角曰虬龙，无角曰螭龙。"④ 又云，"未升天者为蟠龙，好水者为晴龙，好火者为火龙，善吼者为鸣龙，好斗者为蜥龙"。此外，也有龙分为四类的说法：天龙代表天的更新力量，神龙能够兴云布雨，地龙掌管地上的泉水和水源，护藏龙看守天下的宝物。而在几千年的岁月中，龙从通天、降雨的神兽，逐渐被人格化，出现了龙王。

在大多数时间里，龙代表了雷神。从中外原始民族的宗教信仰来看，在各种自然神中，雷神是最早形成的神灵之一，而天神或上帝等是较晚时期才产生的神明。雷神的形成与早期农牧业生产密不可分。首先，古代人们以为雷与农作物和牧草的发芽生长、结果有关。当他们发现，春雷响后，万物复

---

① 刘安等：《淮南子全译》，许匡一译注，贵州人民出版社1993年版，第264~265页。
② 沈约：《宋书》卷二十八，中华书局1974年版，第796页。
③ 《十三经注疏》整理委员会整理：《十三经注疏·尚书正义》，北京大学出版社1999年版，第447页。
④ 王念孙：《广雅疏证》，钟宇讯点校，中华书局1983年版，第370页。

苏，因而误以为雷有催生万物的功能。《说文》云："霆，雷余声也，铃铃，所以挺出万物。"①《易·说卦》："动万物者莫疾乎雷。"② 春分到秋分期间，是雷电活动频繁的时期，同时也是万物迅速生长、结果的时期。秋分以后，天气渐凉，一般不会再有雷电，而此时万物也逐渐枯黄、衰落。古人敏锐地观察到这一现象，他们说："雷于天地为长子，以其首长万物与其出入也。雷出地百八十三日而复入，入则万物入。入地百八十三日而复出，出则万物亦出，此其常经也。"③ 这种现象自然会使古人以为万物生长、枯黄与雷的出没有着必然的联系，进而误以为雷主宰万物生长，是农牧业的保护神。在北方民族中，不少民族在春雷第一声响后要用鲜奶举行祭祀仪式。在他们看来，春雷响后，牧草长出新芽，牛羊开始产羔。母羊吃了嫩草，奶汁较多，除了喂羊羔之外，还可供人食用，因此他们认为春雷给人们带来了羊羔和鲜奶。其次，雷电往往与雨水相伴，春、夏、秋之际，雷鸣电闪之后往往就有一场大雨。古人不明了雷电和雨水的关系，误以为雨水是雷电带来的，认为雷主宰雨水。由于雨水是农牧业的命脉，希望五谷丰登、六畜兴旺的人们自然会祈求主宰雨水的雷神保佑。

雷神观念产生之后，人们便开始塑造雷神形象。龙可能是中国历史上最早的雷神形象，史籍中有不少记载，如前所述，《山海经·海内东经》记雷神形象为"龙身而人头"，《淮南子·地形训》称其为"龙身人首"。《易·说卦》："震为雷，为龙"，亦即雷电如龙。古代蒙古人也认为龙能打雷降雨，雷声是龙发出的声音，当龙尾迅速蜷曲的时候就会发出闪电。因而，最早的雷神形象当是龙，至于其他雷神形象，是后来产生的，有的则是因民族、因地区不同而有不同的雷神形象。

西方有没有龙？和中国的龙又有什么区别？应该说，人类早期的信仰有共同性，即使在远古时期各洲各族之间处于一个封闭隔绝的状态，在抗争大自然、征服大自然的途径方面却有惊人的相似之处。西方也有龙，虽然名字不叫龙，英文里叫 Dragon，其他语言里叫法很多，但可以确定就是同一种虚拟的动物。西方龙的形象归结起来就是：外貌稍像鳄鱼或蛇，长有锐利的爪

---

① 许慎：《说文解字 附检字》，中华书局 1963 年版，第 241 页。
② 黄寿祺、张善文：《周易译注》，上海古籍出版社 2004 年版，第 579 页。
③ 《太平御览》卷十三《天部十三》，中华书局 1966 年版，第 64 页。

子,还有翅膀,常常以火呼吸。它们通常出现在神话故事里,担任护卫者以监守财库或保卫女子的贞洁。西方神话中的龙虽说也是很多动物的大杂烩,但一般都是以多头蟒蛇的形象出现的。例如,神话中的许德拉就是九头巨蛇,也有人说是七头巨蛇,还有人说这条巨蛇有五十个头,反正是奇幻的神话,肯定带有很多的夸张色彩。又比如古希腊传说中,赫拉和宙斯结婚时,大地女神盖亚送给他们一棵金苹果树,树上结着许多金苹果,这棵树栽在阿特拉斯的圣园里,由他的四个女儿看护,还有一条永不睡眠的百首巨龙看守,这条巨龙的形象就是一条长着浓密胡须的大蟒蛇。从这些故事里我们可以得知,古代西方神话传说中的龙就是大蟒蛇,只是比一般的蛇更加丑陋、更加吓人、更加狰狞恐怖罢了。

与中国龙神话更加不同的是,西方的龙并非像中国龙一样被当作吉祥之物来用于崇拜,它们被当作邪恶的象征,是用来被英雄屠杀的,借以反衬英雄的伟大。西方的屠龙故事很多,广泛流传于欧美各国,如希腊神话中的屠龙故事:

宙斯之子赫拉克勒斯是一位业绩辉煌的英雄,他一生中总共完成了十二项伟业,其中之一便是斩杀九头巨龙许拉德。许拉德吃掉成群的牲畜,毁坏大片的田地,给人们带来巨大的灾难。杀死这条巨龙真不容易,赫拉克勒斯砍掉它的一个头,马上又有两个头长出来。最后,赫拉克勒斯让朋友奥拉奥斯用烙铁烙烧许拉德伤口的办法才阻止了新头的生长。后来,他将所有的箭都蘸上许德拉的血,凡是被他的毒箭射中者都必死无疑。

英国古老的史诗《贝奥武甫》也有个关于贝奥武甫斩恶龙的故事:

由于毒龙把守的宝库宝藏被盗,毒龙便向高特人进行疯狂报复。它张开血盆大口,对准房屋和田地喷射烈焰,大火烧焦了土地,夷平了高特人的城堡,吞噬了许多高特人。年老的贝奥武甫与毒龙展开了殊死搏斗,终于将暴虐的毒龙杀死,但他自己也因中龙毒而壮烈牺牲。

总之,西方人认为龙既凶暴又恶毒,对人类危害极大,是人类必须战胜的一种异己的力量。他们把龙当作邪恶的象征,对于征服龙的英雄十分崇拜,甚至将其奉为保护神,形成了强烈的屠龙观念和普遍的屠龙习俗。

(二) 蛇崇拜：特殊信仰的神物

蛇，在古代与蝎、蜈蚣、壁虎、蟾蜍并称"五毒"。作为"五毒"之首的蛇其实并不一定都是有害的，一般来说可以分为有毒蛇和无毒蛇两种。毒蛇是一种对人类危害极大，令人望而生畏的爬虫，人一旦被毒蛇咬伤，如果不及时抢救，就会丧失性命。因此，人们对毒蛇一般都怀着一种特别恐惧的心理。

上古时期的先民们对毒蛇的畏惧和躲避，在典籍中多有所表述。《韩非子·五蠹》中记载："上古之世，人民少而禽兽众，人民不胜禽兽虫蛇。有圣人作，构木为巢以避群害，而民悦之，使王天下，号之曰有巢氏。"[1] 八千多年前的查海遗址，陶器上就有表现蛇衔蛙等题材的纹饰。蛇为毒虫，人们特意在陶器上表现它们，说明人们对它的习性有了基本的认识和了解，并且采取了某些防范措施。从发掘的房址来看，查海人已经过上了定居的农业生活，有了一定规模的房子。但他们的房屋十分简陋，在那样简陋的房屋里居住，人们不得不对蛇等毒虫持有万分小心的态度。

人类对蛇如此惧怕，又怎么会产生对蛇的崇拜呢？人和动物的区别就在于人类会制造和利用工具来战胜大自然，正因为毒蛇对人类危害极大，使人类对其产生惧怕心理，所以人类由己及彼地推测别的动物也怕蛇，如果用蛇做保护神就可以利用它们攻击能力强、能施放毒液这些特殊本领来达到避鬼驱瘟、避邪御凶的目的，因而，蛇崇拜由此产生。

上述仅为蛇崇拜的多种原因之一，且多流行于汉族地区。其他民族或其他国家有没有蛇崇拜？他们对蛇的崇拜又是怎样形成的呢？

在台湾，高山族中流传着许多关于五步蛇的传说。据说很久以前，有一个名叫沙依的小伙子，受到后母百般虐待，他靠手中一支雕有五步蛇的笛子，战胜了种种困难，并且引来百蛇欢舞。后母出于嫉恨烧了笛子，沙依变成一条美丽的五步蛇，迫使后母流落他乡，死后变成一条专会咬人的五步蛇。从此以后，高山族十分崇敬不会咬人的五步蛇，甚至要杀猪设宴欢迎

---

[1] 冀昀主编：《韩非子》，中华书局2007年版，第267页。

它，而对咬人致死的五步蛇，则要将其剁为肉酱，并且要再杀二十条作为报复。

在中国流行一句话叫"见蛇不打三分罪"，但在有的国家和民族，蛇却被尊为祖先。比如在印度亚森，人们认为蛇是他们的祖先。他们把蛇当作不可触犯的神明。虽然有时他们也吃蛇肉，但是当作一种圣餐，认为吃蛇肉是领受和获取神灵智慧的一条有效途径。除了吃蛇圣餐，他们每年还要过蛇神节，这时，各地的蛇神庙都要举行祭祀仪式。人们向蛇顶礼膜拜、祈求之后，把预先捕捉的毒蛇放回山林去，称之为放生。

也有因感恩而崇拜蛇的民族。如非洲麦隆西部的撒可尼拉人，把蛇作为救星加以崇拜。传说，在很久以前，撒可尼拉人的祖先过着游牧生活，经常随季节的变化去寻找新的水源和牧草。在一次迁徙途中，撒可尼拉人得了瘟疫，几乎全部灭绝，只剩下一对夫妇。这对夫妇处于绝望的境地时，突然来了一条蛇紧紧地缠住了他们的脖子，治好了他们的瘟疫。后来，这对夫妇幸存下来，并繁衍了撒可尼拉人的后代。从此，撒可尼拉人就十分崇拜蛇，认为是蛇挽救了他们的民族。更有把蛇看作兴邦定国的吉祥物的国度，如非洲的贝宁，非常崇拜蛇，每年都要欢度蛇节。在贝宁的海港城市维达，人们对蟒蛇的偏爱几乎达到狂热的程度，因此维达素来有"蟒蛇都"的美称。

在贝宁，相传很久很久以前，有个国王十分残暴，由于他拥有被当地人称为"当贝"的蟒蛇而强大无比，谁都不敢与他作对。后来，这个国王娶了邻近一个国王的女儿为妻。当这位邻国公主知道了丈夫因拥有"当贝"才强大的秘密后，便利用回娘家的机会偷走了"当贝"。不久，两国发生了战争，那个残暴的国王因失去了"当贝"而被打得落花流水。获得"当贝"的邻国为了保住"当贝"，也为了永远强大，便每年在打败暴君的日子里举行蟒蛇节。

而在烈日与黄沙相伴的古老王国埃及，太阳神"拉"（也称"瑞"）主宰世界。"拉"神的形象就是人与动物的结合，人身鹰头，头顶太阳圆盘和眼镜蛇。古埃及早王朝时期，法老的权威常常离不开用动物来表现，可能他们觉得人没有动物的外表就会变得无依无靠，似乎动物的能力是远远超过人类的，他们用人类幼年时期单纯好奇又充满想象的眼睛去看这个世界，蛇体现了令人惧怕的神威，它们有着使人敬畏的特性。下埃及国王崇奉蛇，他们头戴蛇形装饰的红冠，象征蛇神保护着王权。后来，上下埃及统一，红白冠合一，法老头顶着神鹰（鹰是原上埃及守护神荷拉斯的标志），额前凸起一条蛇，蛇象征智慧和生命，是代表太阳神的法老的神勇卫士。

古埃及人相信由太阳神化身的国王是全能的统治者，于是他们开始创作表现其神威的艺术作品，在这些艺术品中，国王常常被表现成神或神兽，往往用圣兽圣禽的名字来称呼，比如第一王朝法老宰特就被称为"蛇王"。法老韦塞尔卡夫的祭庙中出土了以其为原型的石雕像，这是第五王朝时期的作品，雕像高0.67米，是除了吉萨的狮身人面以外埃及法老陵墓中发现的最古老的巨大雕像。法老头戴菱形的巾冠，前额有圣蛇装饰。

另外，位于玻利维亚和秘鲁的边界线上的的的喀喀湖（Lake Titicaca）地区，是印加文化的重地，这里屹立着一座世界闻名的"太阳门"，它由一整块巨石雕成，中央凿有一个门洞，门楣上有精美的浮雕，其间夹杂着多条蛇的形像。

（三） 龙蛇崇拜与太阳崇拜

龙蛇崇拜和太阳崇拜有什么关系呢？或者说，人类的崇日观念是怎么转移到龙蛇上的呢？要解答这个饶有趣味的问题，不妨发挥一下我们丰富的想象力来猜测猜测。

蒙昧时代的人类，对于大自然的很多现象无法理解，一点点风吹草动就会惊慌失措，恐惧万分。他们对于出现在暴雨将至时乌云蔽日、天空中闪电游走的现象百思不得其解，认为天空中出现的金光可能是太阳的化身。因为太阳是神灵，她肯定能随心所欲地千变万化，一会儿是火球，一会儿是金乌，一会儿又是巨蟒等，变幻莫测，神乎其神。唯其如此，才不愧为宇宙万物的主宰，令世人崇敬的神明。

当太阳化身为那道金光时，修长弯曲，迂回缠绕，使人们很直观地联想到蛇，那耀眼炫目的惊艳一闪，不正像一条巨大的蟒蛇横跨长空吗？于是乎，先民们认定，太阳不仅给予人类光明和温暖，还化作巨蟒喷洒雨露，滋润世间万物。因而，蛇开始等同于太阳，被尊为神灵，受到人们的膜拜。而龙的原型实际上是蛇，天空中闪电的形状似乎更像传说中龙的形状，因为龙是人们虚构出来的一种动物，没有特别固定的模样，反正体态修长，奇特怪诞，张牙舞爪，怎么看怎么像。所以，先民们由太阳崇拜进而转向龙崇拜。

不仅如此，中国神话中对于龙神与太阳神的渊源也有记载。伏羲是中国神话传说中的太阳神，而这位太阳神也是龙神。相传伏羲的母亲华胥氏外出，在雷泽里无意中看到一个特大的脚印，好奇的华胥氏用她的足迹丈量了特大的足迹，不知不觉便受孕，怀胎十二年后，伏羲降生了。伏羲的样子在文献中被描述成"龙身"或"蛇身"，他和他的妹妹兼妻子女娲是蛇图腾的代表人物，蛇图腾又发展成现在的"龙文化"。在汉代画像石和传下来的图画里面，能够看到伏羲和女娲一个代表太阳，一个代表月亮。

在中国古代，龙是备受崇拜并被神化的一种东西，这可能与上古时期的日神崇拜有关。有关日神崇拜，殷商卜辞中有"易日"这一祭祀活动的记载。《仪礼》中有一种说法："天子乘龙，载大旆，象日月，升龙、降龙，出拜日于东门之外……"① 从此可以看得出来，祭祀活动中龙的作用不容忽视。其实，在神话传说中，龙曾经有过为日神驾车的光荣历史。《离骚》有云："吾令羲和弭节兮，望崦嵫而勿迫。"② 意思是说，我想让羲和停鞭慢走啊，切莫叫太阳迫近崦嵫。"羲和"王逸注："日御也。"洪兴祖补注："日乘车驾以六龙，羲和御之。"③ 在这里，我们不难看出龙和太阳的关系：龙不过是古人对太阳运动的直观而形象的描述，并把它作为太阳神的坐骑罢了。

玛雅文明中也有龙蛇的图腾存在，但是它与中国龙是不同的，它是从奎特查尔凤鸟羽毛变幻出来的羽蛇和虎头巨蛇，它既是主神伊特萨姆纳的象征，又是王权之神库库尔坎的化身。玛雅诸神中，伊特萨姆纳是众神和万物之主，是天地的创造者。他以美洲豹的形象为龙头，以羽蛇的形象为龙身，再经过夸张塑造出双头龙。龙的身体代表宇宙；右头，即身前的龙头，面向东方，象征初升的太阳；它的左头，即身后的龙头，面向西方，象征太阳落山。正因为此，玛雅人把掌控太阳升起落下的伊特萨姆纳奉为太阳神来崇拜。

在令人惊叹的玛雅古文明遗址中，人们发现了金字塔，玛雅金字塔与埃及金字塔不同，埃及金字塔是法老的墓地，而后者是观测天象或祭祀神灵用

---

① 杨天宇：《仪礼译注》，上海古籍出版社2004年版，第294页。
② 洪兴祖：《楚辞补注》，白化文、许德楠、李如鸾等点校，中华书局1983年版，第27页。
③ 洪兴祖：《楚辞补注》，白化文、许德楠、李如鸾等点校，中华书局1983年版，第27页。

的。在玛雅金字塔中有一座特别神秘的金字塔，这就是库库尔坎金字塔，库库尔坎在玛雅语中的意思就是"带羽毛的蛇"。这座金字塔向北一面的阶梯底端雕刻了一个披着羽毛的大蛇头，每年的春分和秋分下午，当太阳西下，并落在特定的角度时，斜射的阳光使偏向北方的九层塔基棱角的阴影正好映照在连接蛇头石雕的台阶上。

太阳神受到诸神及世间万物的拥护，龙蛇被人赋予神力也是太阳神法力的延伸，是一种原始、真实、充满神秘色彩、濒临消逝的文明。

五、考古发掘与蒙昧时期的太阳崇拜与神鸟崇拜

远古先民狂热的太阳崇拜经过数千年沉淀，留给后世的除了动人的神话，还有存在于现世中触手可及的考古发现。从大量考古资料中，我们可以感受到当时盛行于中国的太阳崇拜势头是多么的汹涌，范围是多么的广阔。在黄河流域、长江流域及华南各地，大量新石器遗址和文物史料都体现了日神崇拜的久远历史，有学者认为上古时代人类存在唯一的太阳神信仰。

（一）仰韶彩陶日鸟现，大汶惊现太阳图

黄河流域是中华文明的重要发源地，也是中华民族太阳崇拜最早出现的地区，史前时期黄河流域的先民对太阳神的崇拜多见于彩陶的纹饰上，在中原地区出土的史前彩陶上，图案最具代表性的是与天体有关的日珥纹、太阳纹和飞鸟纹等。日珥纹围在光芒四射的太阳周边，有的太阳纹直接将太阳画作圆圈，周边绘出射线，有的还在中间加一圆点，有的将射线用阴纹表示。

图案中有的主体太阳纹还以红彩涂实，并在周边用深棕色绘出数道射线，以表示太阳的万丈光芒。在各种彩陶中最具有代表性的是河南郑州大河村仰韶文化遗址出土的彩陶，太阳的形象是其彩陶图案纹饰中描绘的重要对象。仰韶文化彩陶中发现的两种图案都与太阳密切相关，一种是日鸟相结合的图像，另一种为圆圈形太阳纹样或六角星图案。日鸟相结合的彩陶上的多足飞鸟纹，鸟的头为红色，展拓着长翼在空中飞翔，整个彩陶画面充满了阳

飞鸟纹、日珥纹、太阳纹

光般的热烈气氛,有的彩陶鸟纹背上有太阳纹,就像鸟儿在背负着太阳飞翔。这些彩陶画使人不禁联想到关于太阳神鸟的远古传说。而以红色突出太阳的形象特征以及采用红色、黑色来表现太阳的光芒,使彩陶花纹具有绚丽灿烂的风格与强烈浓郁的风采,更是再现了人们对太阳神炽热的崇拜情怀。

考古学家在与仰韶文化遗址相隔不远的山东大汶口地区也发现了早期的史前文化遗址,此地所发现的彩陶不仅独具特色,而且其太阳图案与众不同。考古学家在大汶口彩陶上发现了大量的太阳图像,它们形态不一,总体而言,以八角图案居多,这与河南仰韶文化的太阳纹有相同之处。有研究者认为这是仰韶太阳纹的一种变体。大汶口彩陶八角图案被公认为象征太阳的闪光之形。

此外,西北甘肃、青海、宁夏等地区也出土了大量彩陶,考古学家在这些彩陶上也发现了多种圆日图案,特别是半山类型时期旋纹已成为彩陶上的主要花纹,将太阳光芒强烈的旋动感表现得十分突出。这些彩陶上太阳图案的发现,充分说明黄河流域的早期先民太阳崇拜的狂热。

(二)河姆渡口烟波茫,双鸟朝阳光万丈

浙江余姚河姆渡遗址是今人所发现的中国南方原始社会母系氏族时期的一个重要聚落,位于浙江省宁波市余姚市河姆渡镇河姆渡村东北,距宁波市区约20公里。河姆渡遗址共有四个文化层,涵盖年代为距今7000~5000年前。考古工作者在第三、第四文化层发现了大量的植物遗存、动物遗骸、木构建筑遗迹和构件,另外还有数以千计的陶器、石器、骨器、木器等。值得一提的是在该遗址发现了带榫卯的干栏式建筑,这是中国现已发现的古代木构建筑中最早的榫卯之一;另外还发现了中国早期的水稻。那时的人们,已经学会雕刻打磨骨器,撮土和泥制作陶器。同时,他们已经形成了自己的文化图腾和信仰,并将这些反映他们生活信念与精神价值的图腾刻绘在器物之上,这就是体现早期太阳崇拜和神鸟崇拜的凤鸟图。

考古学家在河姆渡遗址发现了一件重要的器物,后被命名为"河姆渡文化双鸟朝阳纹牙雕",又被称作"河姆渡文化双鸟朝阳纹象牙蝶形器"。该器物是一件世所罕见的新石器时代的牙雕,被考古学家称为"原始象牙雕刻

中的艺术珍品"，具有极高的历史文化价值和艺术价值，堪称国宝级的文物精品。"河姆渡文化双鸟朝阳纹牙雕"不是一件简单的艺术品，它不仅反映了河姆渡人的审美观念和最高艺术成就，而且展示了河姆渡先民对太阳和神鸟的崇拜。

这件"双鸟朝阳"的牙雕出土时，上部已残缺，长16.6厘米、残宽5.9厘米、厚1.2厘米，其正面磨制精致，有一组阴线雕刻的图案，中心为五重大小相套的同心圆构成的太阳纹，外圆边刻有熊熊烈

河姆渡文化双鸟朝阳纹牙雕——双鸟朝阳图

火似的光芒，在它的两侧有昂首相望的双鸟，鸟头相对，身体相连，双鸟尖嘴长尾，共同托着同心圆纹。同心圆纹与外圆边缘的烈焰纹，象征闪耀着光芒的太阳喷薄而出，两侧对称刻出一钩喙双鸟（鸡），面向太阳成对称形，似在引吭啼鸣。双鸟托着太阳，奋力向上。托着太阳的这种鸟，不是一般的鸟，应是河姆渡人的神鸟。这与中国古代"金乌负日"的神话有着不可分割的联系。蝶形器的边缘衬托着刻工精细、线条流畅的羽状纹。除了鸟（鸡）和太阳纹中心以圆锥浅钻之外，两鸟（鸡）两侧各对称钻通三个圆孔。这样，蝶形器上就一共有六个圆孔，上四下二。背面制作较粗糙。在一把有柄骨匕的残柄上绘刻的是两组相同的鸟，共四只，从形状判断，仿佛是鹰、鸿之类。每两只各自尾部相连，朝着相反的方向伸颈，头上有冠。鸟尾相连的地方是同心圆，在它的上部有一个形似无弦弓的图案，在这两者之间有短斜线。整幅图以双鸟托举着同心圆和形似无弦弓的图案而呈现。

河姆渡先民认为，太阳之所以早晨从大地（或大海）上升起，傍晚从天空中落下，是因为有两只鸟共同负日飞升飞落。显然，河姆渡先民的太阳崇拜已超出自然崇拜，进入图腾崇拜境界，是将"双鸟负日"作为复合图腾来崇拜的。

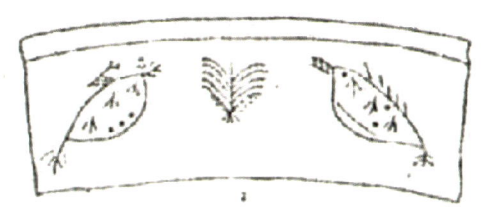

河姆渡陶器鱼藻纹盆——凤鸟图

考古学家还在河姆渡遗址出土的一个陶盆上发现了古河姆渡人刻画的凤

鸟、鱼藻两组纹样，这个图案也称凤鸟图。它们可能是两组双鸟护禾和守祭纹。一组是两鸟相对，注视着中间一丛正在生长的植物，这种植物有可能是正在生长的水稻幼苗，因而双鸟成为稻禾的守护者；另一组两鸟相对，注视着中间供案上所放之盘，盘中盛装的东西，似乎是祭祀丰收的成果。这两组图案可能是专门为某个收获庆典而作的。

河姆渡先民热爱生活，追逐光明。他们还在祭祀用的刻画黑陶盆的腹侧刻着一对两周同心圆，圆两侧刻着鸟纹，这一对同心圆的纹饰，似是太阳的光冠，而类似的图案在河姆渡出土的其他文物雕刻作品中也非常多见。如河姆渡第四文化层出土的"双飞燕堆纹器盖"，它高7.5厘米，口径18.5厘米，属夹炭黑陶，器盖残片上塑着两只展翅飞翔的燕子。考古学家还在同层出土文物中发现了刻纹陶片，表面上刻绘有植物枝叶、勾连云纹、鸟纹等图案，纹饰繁缛。另外，在第一文化层出土有"鸟头形陶支架"，形如伸脖昂首的鸟，鸟头上方饰一鹰孔，实心体，遍体满布粗凹纹。可见太阳崇拜和神鸟文化在7000多年前至5000多年前的河姆渡文化遗存中无处不在。

（三）九黎羽民出太湖，金乌负日照良渚

在距今5000多年前的新石器时代晚期，蚩尤部族的一个分支名叫九黎的部落联盟，来到了太湖流域的良渚地区。他们英勇善战，富于想象，修筑了早期的城市，并以稻作农业为其经济支撑，建立了早期区域性国家形态，形成了早期统

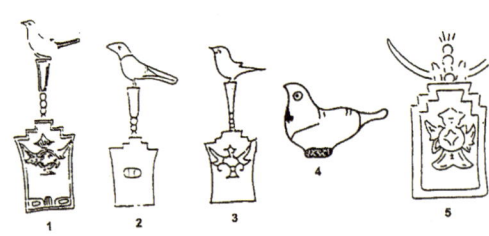

良渚文化的鸟形图

一的信仰体系和文化认同——良渚文明，为中国以及该地区在新石器晚期到青铜时代的社会政治组织以及社会文化的发展提供了不可或缺的证明，同时揭示了从小规模新石器时代社会向具有等级制度、礼仪制度和玉器制作工艺的大型综合政治单元过渡的过程，代表了中国在5000多年前伟大史前稻作文明的成就，是杰出的早期城市文明的代表，因此2019年7月6日，良渚古城遗址被列入《世界遗产名录》。

良渚先民已经形成了统一的信仰体系，以鸟为祖先，对太阳和神鸟充满了崇敬，并将太阳进一步神化为太阳鸟——太阳神。

良渚文化是河姆渡文化之后中国南方出现的又一强盛文明，他们在发展稻作文化的同时，也发展了自己的信仰体系，并把最高贵的精神追求和崇拜通过晶莹华美的玉石表达出来。玉石制作的无数祭祀重器成为良渚人对太阳神和上天的奉献，玉的神化和灵物观念也成了良渚文化意识形态的核心。玉琮是良渚人最神圣的祭祀重器，考古学家在良渚反山12号墓出土了一件矮方

良渚玉琮——人、鸟与兽面的复合像

柱玉琮，重达6.5公斤，为目前所见最为宽大的良渚文化玉琮，上面刻着人、鸟与兽面的复合像，两侧又各雕刻一神鸟，它是良渚文化保存最完整、最繁复的图案，被称为良渚人的"神徽"，也被誉为"琮王"。"神徽"出土时平放于墓主人头骨左上方，呈矮方柱体，其射径17.1~17.6厘米，中孔径4.9厘米，通高8.8厘米，分为两节，分别以4个转角为中轴线，向两侧凸面展开刻纹神徽。神徽的下部是两只展翅飞翔的鸟，鸟头分别伸向左上方和右上方，鸟尾相对，两鸟的腿爪都收拢，弯曲可见。两鸟的身体上部共同托负着神座，神座之上有一人面鸟身的神像，头戴羽冠，双臂平展，双手左右各扶一圆轮，两圆轮之间有一相连的通道，其身体部位亦有一圆形。专家根据这些图像，认为两鸟共负神座的人面鸟身之神就是良渚先民的太阳神。也有研究者认为这个太阳神徽是从河姆渡文化中的双鸟负日图案发展而来的，与河姆渡太阳崇拜文化一脉相承。良渚太阳神徽正是以无声的语言歌颂着太阳神把握乾坤，神鸟托负太阳神的伟大场景。这是一种体现太阳神崇拜的复合型图腾，其中的太阳神已经拟人化，成为人面鸟身、半神半人的至高无上的神，与良渚先民的祖先神融为一体。

六、文明初开时期的神鸟崇拜

（一）从人神合一到天人合———太阳崇拜的升华

中国的青铜文化起源于黄河流域，大约在公元前2080~前1580年间存在，大体上相当于文献记载的夏朝至春秋时期，约经历了1500多年的历史，与中国奴隶制国家的产生、发展及衰亡同步。青铜文化早期以河南偃师二里头文化为代表；中期包括商代至西周前期，此时中国青铜文化达于鼎盛；晚期从西周后期至春秋时期，是中国奴隶制社会逐渐走向衰落的阶段。

这一时期，随着生产力进一步发展，人的思维能力不断提高，人们对太阳自然属性的认识逐渐增多，太阳也失去了往日的神性光辉。人们对太阳的崇拜发展到一个新的阶段，即对人神合一的太阳神的崇拜，这一时期的太阳神不仅具有人形，还具有人性。此时太阳已上升到至高无上的神的地位，先民对太阳发挥了各种想象，这些想象也就是太阳神话的来源。这一阶段，由于人类生产力水平的提高，祖先崇拜及英雄崇拜的盛行，人们将太阳崇拜及英雄崇拜结合起来，从而形成了人神合一的崇拜。人神合一的太阳神崇拜一直延续到商代。其后太阳崇拜进一步升华，即对太阳的崇拜衍生为对天的崇拜，天人合一。太阳不再作为一个单独的个体被崇拜，而是与月、星等天体一起被崇拜。尊奉"天帝""天子"的观念由此产生。周代以后，历代帝王祭天时，无不以太阳为主，但它不再是单独崇拜的对象。日神已不再具有纯粹物质或自然的意义和特征，而成为真正的形而上的抽象神。

（二）黄帝部落与太阳神鸟崇拜

黄帝是古华夏部落的首领，也是诸夏部落的共主。黄帝部落居于中原，征服了华夏诸部，使各部族结束了互相攻伐、战乱不止的局面，中原地区得以统一。黄帝部落本崇尚龙，但在与东夷部落接触中，引入了太阳崇拜与神鸟信仰，这从中原出土的文物可以看出。黄帝部落传到帝喾时代，有了很大的发展和变化。帝喾是黄帝的曾孙，又称帝俊，"生而神灵，自言其名"。十五岁时，因辅佐颛顼帝有功，被封于高辛。三十岁时，代颛顼为帝。帝喾即帝位后，"聪以知远，明以察微。顺天之义，知民之急。仁而威，惠而信，修身而天下服"①。他在位七十年，天下大治，人民安居乐业。著名文学家曹植曾作《帝喾赞》以颂之："祖自轩辕，玄嚣之裔。生言其名，木德治世。抚宁天地，神圣灵察。教讶四海，明并日月。"② 帝喾名夋，夋字在甲骨文中以鸟头而出现，相关卜辞"贞求年于夋九年"，展现了殷商统治者对帝喾的崇敬与祈求，对先祖太阳神鸟图腾信仰的怀念与眷恋。《山海经》中有关帝俊的记载非常多。古人认为帝俊是东方之神，凡他出现的地方就有"五采之鸟"凤鸟相随。帝俊本身是一位以凤鸟自居、人格化的以太阳神鸟作为图腾的部落首领。在远古流传的神话中，帝喾的父亲在一天晚上做了个梦，看见一只凤凰衔来米喂他，并告诉他，它的名字叫"鸡"，是来给他做

商代妇好墓　鸮尊

---

① 司马迁：《史记》卷一《五帝本纪》，中华书局1959年版，第13页。
② 曹植：《曹植集校注》，赵幼文校注，人民文学出版社1984年版，第74页。

子孙的，后来他的妻子生了个儿子就是帝喾。

帝喾时期，地球出现了气候异常的现象，中国天文家称这一时期为夏禹宇宙异常期，各种自然灾害频繁出现，因而，帝喾引各部族四处迁徙，从西部向北部，然后再到中部，又到东部。他们在不断迁徙的过程中，与中部和东部的原住民融合，并将太阳崇拜和神鸟图腾也随之带入自己的信仰体系。帝喾生了几个有名的儿子。他的元妃姜原生了弃（即后稷），弃是周的始祖。次妃简狄生了契，契是商的祖先。次妃庆都生了尧，尧是历史上有名的圣贤之君、五帝之一。次妃常仪生了挚，挚继承了喾的帝位，九年后禅让给帝尧。这几个儿子分居各地，形成了更多的部族，每个部族都带有鸟信仰的影子，而商代祖先仍聚居在东部，所以他们的鸟信仰更甚，一直延续了下来。

（三）少昊之国：鸷鸟图腾

考古学家在黄河下游和淮河流域的东部沿海地区，发现了为数不少的原始崖画，这些崖画与大汶口文化、龙山文化诸文化类型相同，是以鸷鸟与太阳的复合形象为太阳崇拜的圆形标志，这就是传说中的阳夷、于夷、太昊族、少昊族等东夷部族的图腾。

东夷部族是由多个崇拜神鸟的氏族组成的部落联盟，少昊就是东夷部族的部落首领。少昊又名少皞，是传说中的古代帝王，名叫挚。挚通鸷，其实就是鸷鸟，属鹞、雕、鸮之类，是食肉类的大鸟，头秃无毛，喜食尸体，全身羽毛黄色，高约四尺，爪尖嘴锐可畏，是一种凶猛的鸟。鸷鸟成为东夷部落所共同崇拜的神鸟图腾，反映了这个部族英勇善战，凶狠好斗。少昊又称"朱帝""白帝""西皇""穷桑氏"。从少昊的名字中可以看出他本人以及所属部落与鸟的关系。少昊的诞生，存在多种说法，非常具有传奇色彩。其中一种传说，是其母女节（也称皇娥）夜梦流星入怀而有孕，之后生下少昊。少昊长大后，成为本氏族的首领，后又成为整个东夷部落的首领。

《山海经·大荒东经》记载："东海之外大壑，少昊之国。少昊孺帝颛项于此，弃其琴瑟。有甘山者，甘水出焉，生甘渊。"① 这个甘渊在传说中就是羲和浴日的地方，在大陆极东的海边，即今山东一带。东夷部族所崇拜的祖神少昊其实就是太阳与神鸟的复合体。

东夷部族最初是以玄鸟（即燕子）作为本部的图腾，后在部落大联盟时，有凤鸟飞至，众人大喜，于是改以凤鸟为族神，崇拜凤鸟图腾。其部落各分支也都以鸟为名。《左传·昭公十七年》写道："我高祖少皞挚之立也，凤鸟适至，故纪于鸟，为鸟师而鸟名。凤鸟氏，历正也。玄鸟氏，司分者也。伯赵氏，司至者也。青鸟氏，司启者也。丹鸟氏，司闭者也。祝鸠氏，司徒也。雎鸠氏，司马也。鸤鸠氏，司空也。爽鸠氏，司寇也。鹘鸠氏，司事也。五鸠，鸠民者也。"② 由此可见东夷部族下属20多个分支部落都有明确的分工，各司其职，同时这些分支部落均以鸟为图腾，以鸟命名，其鸟的类型分别为：鸷类8个，凤类8个，鹘类9个，其中凤族在少昊集团中地位最尊，掌管天文历法，指导农桑。由此可见，以鸷鸟为图腾的少昊之国，征服并包容了分别以凤鸟、玄鸟、伯赵鸟、青鸟、丹鸟及五鸠、五雉、九鹘等鸟类为图腾的大小部落（氏族），并对各部落（氏族）首领按其势力和特征分别授予不同权限及职能的官衔，共同管理天下政事，形成了一个庞大的以凤鸟为图腾的氏族部落社会。少昊同时还与炎黄集团建立了密切的交流关系，比如他收留、养育了黄帝的孙子颛顼，并让他接任自己东夷部族联盟首领的职务。

商代妇好墓　鹦鹉形玉器

---

① 《山海经》，郭璞注，郝懿行笺疏，沈海波校点，上海古籍出版社2009年版，第329页。
② 李梦旦：《左传译注》卷二十三《昭公四》，上海古籍出版社2004年版，第1080页。

（四）夏商神鸟文化的发展

《史记·夏本纪》写道："淮海维扬州，彭蠡既都，阳鸟所居。三江既入，震泽致定……贡金三品，瑶、琨、竹箭、齿、革、羽、旄、岛夷卉服。"① 由此可见，夏朝建立后，神鸟文化在南方中国的古越族居民中还十分盛行，他们以太阳鸟为图腾，崇拜太阳和太阳神鸟，并以鸟羽等地方产品作贡品，奉献给夏王。

商代妇好墓 玉器

商朝建立后，以玄鸟后代自居的商人更是将神鸟文化推向极致。在殷商人的世代传说中，"天命玄鸟，降而生商，宅殷土芒芒"②。《史记·殷本纪》云："殷契，母曰简狄。有娀氏之女，为帝喾次妃。三人行浴，见玄鸟堕其卵，简狄取吞之，因孕生契。"③ 传说殷商的始祖契，就是玄鸟的子孙，殷商

---

① 司马迁：《史记》卷二《夏本纪》，中华书局1959年版，第58页。
② 程俊英：《诗经译注》，上海古籍出版社2004年版，第564页。
③ 司马迁：《史记》卷三《殷本纪》，中华书局1959年版，第91页。

全族人的生命之源都来自太阳神鸟的遗传。今天自然不会有人相信吞下鸟蛋就能生出孩子。但是从这段动人而又玄妙的故事中，不难得出这样的推断，所谓简狄吃了玄鸟的卵而怀孕生了儿子契，实际上是早期商人对太阳神鸟崇拜的一种表现，在商人的传说中，玄鸟（燕子）就是太阳鸟，就是太阳神的化身。在古代传统民俗中总把燕子看作神鸟，从"旧时王谢堂前燕"的诗句可以看出，在东晋时期，连王谢那些不屑与庶族士人连床共坐的世家大族，仍以极其偏爱的心情欢迎燕子在自己的高梁华堂筑巢栖息，并以此为荣。直到今天，我国北方地区还把燕子视为吉祥

商代妇好墓　玉凤

物，"燕儿来翔，富丽堂皇，梁落燕巢，步步登高"的民谣即是佐证。玄鸟被殷商人视为祖先，故殷商人使用的器物上随处可见各类太阳鸟纹，除了玄鸟、凤鸟，商晚期还盛行"鸱鸮"鸟纹。"鸱鸮"俗称猫头鹰，属猛禽类。它们大多作站立姿态，双目平展，钩喙、短颈、突胸、短尾、粗腿。另外，殷墟墓遗址中出土的鸟形玉佩为数很多，其中以戴有冠羽的鸟形玉佩最为突出。最具代表性的黄玉凤形佩，玉呈葵黄色，器形为片状，以阴线双钩云纹及镂雕法完成凤鸟的侧面造型；凤鸟头上有一高冠，冠边缘出脊齿，圆眼，尖喙下弯成钩，短颈、突胸、短翅、长尾、粗腿立爪。冠边饰镂雕脊齿，是商代片饰玉鸟普遍的造型特点，勾转凌厉的鸟喙更是商代玉鸟的特征。此器的造型及雕刻风格与河南安阳殷墟妇好墓出土的玉凤极为相似。戴冠、钩喙是神鸟的基本特征，而玉凤的底部有一榫，证明其可能是祭奠时神杆上面插嵌的神鸟，是至高无上权力的象征。

（五）精美细致的周代神鸟图腾

周朝始祖后稷也是东夷族后人，所以周朝也存在鸟信仰。《说文解字》

载:"凤,神鸟也,天老曰:'凤之象也,鸿前麟后,蛇颈鱼尾,鹳颡鸳思,龙纹虎背,燕颔鸡喙,五色备举,出于东方君子之国,翱翔四海之外,过昆仑,饮砥柱,濯羽弱水,莫宿风穴,见则天下大安宁。'"① 就是说,太平盛世时,凤鸟就飞来,它是尊天命而来的。周武王伐纣时,就曾有"凤鸣岐山"的传说,所以兴周灭商是上天之旨意。西周出土很多双鸟纹玉器、青铜器,上面有着旋涡纹和拟日纹,一方面是表示对太阳的崇敬,另一方面却也是对鸟信仰的变化与衍化。

晋侯墓地　鸟形玉戈

晋侯墓地　玉凤

晋侯墓地　玉鸮

晋侯墓地　鸟盖人足盉

晋侯墓地　立鸟盖尊

晋侯墓地　鸟尊

西周太阳神鸟信仰大多延续商代风格。用凤鸟做图案,既是以鸟的造型作为装饰的风尚,也表达了祭祀之意。西周白玉双凤纹佩,长 6.8 厘米,宽

---

① 许慎:《说文解字　附检字》,中华书局 1963 年版,第 79 页。

6.1厘米，大部分已侵蚀成褐色，两面阴刻相背对称式双凤纹，合观则是一兽形面；左右边缘出脊齿，线条匀细缜密，上端钻有6个小孔，下端钻有10个小孔，两排钻孔为穿系丝绶佩戴所设，是典型的西周佩玉样式。西周凤纹玉饰，下弯为较长的钩喙和美丽的长颈，头顶立一水滴状冠羽，尾羽高耸过头，爪下一龙。鸟神与兽神、龙与凤的组合，增强了神秘感。

西周的鸟形佩特点为缩颈的卧状、扁且下弯形喙、翅朝上尾朝下及钩形冠羽。到了战国时期，鸟形佩趋向精致华丽的风格。战国青玉鸟形笄，长13厘米、宽2.1厘米。青绿色，玉质莹润纯净。笄首雕一卧鸟，圆眼，钩喙，昂首挺胸，长垂尾，形似凤。笄身中部阴刻一行细丝束纹。玉笄的造型来源于商代的鸟首玉笄（如妇好墓所出者）。用鸟类造型作人体装饰品，正是中国传统装饰艺术的一种特征。

战国时期龙与凤的组合更加精巧，而且出现了龙在上凤在下、凤在上龙在下，或者是龙凤平行等无定数的组合式造型。如战国玉龙凤形佩，片雕镂空，从那流畅的弧线中不难看出，当时的玉工不仅在造型上有新的创意，而且已将铁质工具运用得娴熟自如，工艺极为精湛。

七、帝制时期的神鸟崇拜

（一）神鸟成为铁血帝国的象征

在经历了春秋战国时期的纷纭变乱之后，随着中国大一统的中央集权多民族国家的建立，太阳崇拜和神鸟崇拜出现了变化。

公元前221年，秦灭六国，一统天下，秦王嬴政成为中国第一位皇帝，被尊称为秦始皇。这位具有魄力的皇帝为了巩固国家的统一，采取了种种政策和措施，如废除分封制度，实行郡县制，为大一统国家的构建创造了坚实的基础；废除六国边界，将过去阻碍人们相互交往的人为障碍去除掉，从而使经济与文化在全国范围的交流更加自由通畅；实行车同轨，书同文，规范度量衡等政策，使全国的文字、度量衡、车辙等都逐渐统一。另外，没收民间所有的武器，燃起熊熊大火，将它们铸成12尊庞大的金属人像，置于皇宫之前，向天下宣告大秦帝国皇帝的决心，让中土从此永远不见兵革。强大的秦帝国将当时世界上的众多国家远远甩在了后面，中国开始了新的历史阶段。

建立大一统秦国的王族为嬴姓，虽然崛起于西部，但其先祖却属于东方鸟崇拜部落集团，他们最早的女性祖先叫女脩，是颛顼帝的孙女，与少昊帝同姓嬴。秦人原居住在中原东部，夏代由于与崇拜龙的夏族人产生了冲突，被迫举族西迁。由于秦人和商人都以玄鸟为图腾，所以商朝建立后嬴姓之人常被赐封为诸侯，还曾和商王室有过婚姻关系。秦人向来有神鸟崇拜的传统，据刘向《列仙传》记载："萧史者，秦穆公时人也，善吹箫……穆公有女字弄玉好之，公遂以女妻焉。日教弄玉作凤鸣，居数年，吹似凤声，凤凰来止其屋,公为作凤台,夫妇止其上,不下数年。一日,皆随凤凰飞去。"①讲的是秦穆公时有个名叫萧史的人,善于吹箫,穆公见自己的女儿弄玉也爱吹箫,便将她嫁与萧史。萧史日日教弄玉吹箫,十多年后,二人越吹越好,箫声竟如凤鸣一般,引来凤凰久久不去。穆公为夫妇二人建造凤凰台,二人居住于其中数年,终于随凤凰一起飞走了。这个故事与崇龙之族乘龙仙去的传说有明显的区别,这正是秦人有崇拜神鸟习俗的反映。

秦始皇登基后,要为自己起一个有别于以往任何君主的名号,这就诞生了"皇帝"的尊号。他把"皇"放在"帝"前,自称"始皇帝",可以简称"秦皇""秦始皇";但是宁可省略掉"帝"字,也要保留"皇"字,由此可见"皇"字在他心中的分量。这个被嬴政如此重视的"皇"字,原来与凤凰之名颇有渊源,即与秦人崇拜神鸟有着十分密切的关系。秦始皇不仅本人对神鸟情有独钟,而且还希望他身边的人都与他一样,据《中华古今注·钗子》记载:"始皇又金银作凤头,以玳瑁脚,号曰凤钗。"②即秦始皇命人以金银制作凤头,以玳瑁作凤脚,将之命名为凤钗,让后宫嫔妃们都将凤钗作为饰物佩戴在头上,以显示凤在大秦帝国中的崇高地位。

在秦始皇的带动示范下,秦朝的瓦当、漆器、铜镜等各种器物上的纹饰都有以凤纹为主题的图案。秦瓦当的母子凤纹饰和双凤朝阳纹饰,构图古拙而富于情趣。湖北云梦睡虎地秦墓出土的秦代漆器中也有多种凤鸟图案,其中既有线条流畅、装饰性很强且表现出一定抽象性的云凤纹,也有神采飞扬、富于写实性的凤鸟纹。陕西临潼博物馆里有一件鎏金铜凤凰,昂首张口,奋翅翘尾,羽纹清晰,是秦始皇陵中的遗物。这些文物,也向我们传达着这个崇凤之族的历史信息:神鸟成为大秦帝国的一个重要象征。

(二) 神鸟成为帝王皇权和国家繁荣昌盛的象征

秦朝存在的时间很短,主要是由于秦国的暴政导致了人民的反抗,起而推翻该政权。但是秦国统一中国的政策却为汉朝所沿袭。汉朝较秦国的疆域

---

① 王叔岷:《列仙传校笺》,中华书局2007年版,第80页。
② 苏鹗:《苏氏演义(外三种)》《中华古今注》,吴企明点校,中华书局2012年版,第101页。

更广大,经济更强盛,文化更繁荣。由神鸟演化而来的朱雀、凤凰的形象,不仅是皇权观念的重要象征,同时也越来越具有人的性格。它们不再高不可及、神秘莫测,而与人间生活有了更多联系。人们对神鸟的崇拜,也由单纯的祭祀膜拜,发展到模仿装扮。禽鸟的神性逐渐降低,而人性越来越多。人们相信,凤凰是再生之鸟,能够化解生死,又是祥和之鸟,能够化解战争。因此,中国的神鸟信仰观念进入一个新的时期,与此同时,龙也从蛇图腾转化为神圣皇权的象征,而凤则与之并列。

西汉统治者开始把龙和凤渲染成皇帝仁德的瑞应,并赋予它们特殊的政治内涵。因此,在汉代艺术中,凤和龙一样具有庄严威武的神采。凤是最完美的神鸟,百鸟之王,汉代皇帝甚至以凤自喻。皇帝乘辇称"凤辇",皇帝仪仗用的华盖称"凤盖",太皇太后都戴凤冠,皇宫建筑称"凤闼"或"凤楼",汉武帝时在长安西郊所建的建章宫,内有凤网,脊饰铜凤,至今尚有遗迹残址。汉长安的礼制建筑遗址的发掘中还经常发现凤纹瓦当,其造型十分优美、浪漫。

西汉时,有的皇帝为了强调自己的圣德仁政,故而以凤来命名年号,如昭帝有"六凤"年号,宣帝有"王凤"年号。

另外,汉朝部分官员和士人为了迎合皇帝,往往还附会众多凤凰在全国出现的瑞象。汉以后,龙与凤的地位更加明确了,但有了不同的功能分工,龙代表皇帝,凤代表皇后。这时的龙和凤虽已失去图腾的意义,却已成为新的文明象征。

(三)四象之雀:神鸟的异化

秦汉时期,先秦开始出现的谶纬之说逐渐成为一种重要的社会思潮。谶纬,是谶书和纬书的合称,两类书保存了大量的民间神话传说和民俗文化。谶是秦汉间儒家编造的预示吉凶的隐语,后来在民间广为传播,发展为庙宇或道观里求神问卜的活动;纬是汉代附会儒家经义衍生出来的一类书,被汉光武帝刘秀之后的人称为"内学",而原本的经典反被称为"外学"。秦汉时期的谶纬之学,主要是对未来政治的预言。秦汉时期,天命神权、天人感应等观念广为流行,占星望气等方术也十分盛行,各类方士和儒生趁机造作图录隐语作为谶，编写辑录为纬书，并编制祥瑞灾异等故事来神化或诋毁帝王。而帝王君主也对谶纬迷信深信不疑，从而使很多谶纬之说广泛流传，皇帝用人施政都依谶纬作根据；各种重大问题的决策，也以谶纬来确定。在这种社会风气之下，汉代创制谶纬的人根据四季夜空出现星宿的不同，又根据各季所见到的星宿附会成某种现象，因而把二十八星宿又概括为四象，即东方青龙之象，南方朱雀之象，西方白虎之象，北方玄武之象。四象是阴阳五行学说盛行后的产物。他们把四象与四方相配，再加上中央麒麟之象就成为正中方，如此五方与五行恰好相互呼应。

青龙是镇东之神灵。龙的形象是吸取了蛇、马、鹿、鸟、兔等形体拼凑而成的，逐步形成了今天的鹿角、狮鼻、牛唇、虎眼、鹰爪、鱼鳞和蛇身的腾云驾雾、张牙舞爪的威武形象。龙也是古代多个图腾崇拜的民族合并的结果。

白虎源自远古以来的虎图腾崇拜。虎是正义、勇猛、无敌、威严的象征。白虎是五百年才能变白的虎，是神物，而且仙人往往也乘虎升天，是镇西之兽。

玄武是龟蛇合体的神物，龟寿千年，汉代又用它占卜吉凶、未来。古人以玄武主北方，所以玄武是镇北之神灵。

朱雀与玄鸟、凤凰一样也是古人臆想出来的一种神鸟，也有尊贵、吉祥的意义。战国时期，朱雀还是引导死者灵魂升天的神鸟。汉代，朱雀作为天之四灵之一，是代表炎帝与南方七宿的南方之神。远古时期先民对神鸟的崇拜已经出现很大的变化，唯我独尊的现象不再，而转变为各种神灵之一。汉代画像砖记录了这种文化。在各种画像砖上随处可见虎配朱雀，朱雀配骏马、骏马、虎配朱雀，朱雀、骏马、扶桑配人物，凤鸟衔珠，人物凤鸟等图案。画面一般采用阴刻手法，寥寥数笔，线条简练、劲健、流畅，动感极强。朱雀形象多为回首展翅，具有剪纸艺术风格。当时的陶壶上彩绘图案纹饰也往往作青龙、白虎、朱雀相逐于云气间，或是两只朱雀（一凤一凰）相互嬉戏。

汉代留下的铜镜上，多刻有青龙、白虎、朱雀、玄武、麒麟五灵纹，铜镜边缘上大多是有花纹的，以三角形纹及变形云纹为多。不仅如此，旁边还刻有铭纹。有的是四字铭纹，如"长宜子孙"，有的很长，比如"福禄进兮日以前，天道得物自然，参驾蚩龙乘浮云，白虎失，上大山，凤鸟下，见神人"或是"尚方作镜真大好,上有仙人不知老,渴饮玉泉饥食枣,寿如金石为国保"与图案相照应。

由此可见先秦时期的神鸟文化在汉代已经发生了很大的变化,除了凤凰以外,异化的朱雀地位下降,与其他各种神灵并列。

(四) 神鸟与神仙:羽化飞升,超凡脱俗

道家思想很早就开始兴起,到春秋战国时期已经形成比较完整的体系,以后逐渐演变,成为中华文化的重要基石之一。与道家思想相联系的仙道思想也很早就出现,古代先民面对不可思议的超自然现象自然产生出关于大自然的神话,而神仙则是中国神话传说中那些无所不能、超脱轮回、跳出三界、长生不老的人物。仙道思想认为精神可以脱离形体而存在,而作为神鸟之一的朱雀则是往来于人间与仙界的灵兽,它可以引导死者的灵魂羽化成仙。古代文献多有所谓"羽人"的记载,他们往往得仙人鸟衣飞升成仙。在战国和秦汉墓葬的壁画中,在汉画像砖以及随葬器物上,他们同各种神兽、仙人、祥云等一同构成我们今天在墓葬中所表现的升仙景象,并寄寓了生者对死者灵魂升仙的美好愿望。

汉代,朱雀是被人们看作祥瑞的神鸟,并借以表达当时人们明确而强烈的祈福禳凶的追求。中原汉人眼中的朱雀既是艺术情趣浓郁的民族灵兽,又是心愿寄托物。人们不仅希望它来到身边,还渴望自己也化为鸟儿飞升翱翔。1976年在邙山南麓发现的西汉卜千秋壁画墓,墓顶脊上为天象、始祖和墓主夫妇升仙图,在墓顶脊壁画的第7块砖上画有一鹰头凤尾展翅飞翔的朱雀。画面上为卜千秋夫妇乘螣蛇凤鸟,在仙翁模样的方士和仙女的迎请导引下,由双龙、枭羊、朱雀、白虎、蟾蜍、九尾狐等仙禽、神兽护卫,浩浩荡荡地遨游于缭绕的彩云之中的升天景象。

迄今发现的较为完整清晰的两汉早期三幅帛画,其文化主题皆是"升仙"。湖南长沙马王堆一号汉墓出土的帛画最为典型:这是一个长205厘米,上宽92厘米,下宽47.7厘米的"T"形布局画幅,内容自上而下分三部分,分别绘着表示天上、人间和地下的各种图像。秦汉方士都认为仙山应在大海之上,所以画的下部绘有大海,海中有双鲸盘绕,鲸尾各立一长角怪兽,鲸

背上有一裸体力士，双手向上托举着表示大地的平板。这一部分当象征的是地下情景，即所谓"黄泉"。大地之上则是人间的情景。中间画有两条巨龙左右穿绕于圆壁，龙尾贯穿到画幅下部，起到联系整体构图的作用。壁下悬一大磬，左右流苏之上有二羽人，应是引导主人灵魂升天的仙人。在穿壁双龙之上有一下卧双豹的平台（象征"通天大道"），一位形体较大、服饰华美、挂杖而立的老妇人，正在徐徐前行。这位老妇人当是墓主人之形象。其身后有三位拱手恭侍的婢女，面前有两个衣着红袍、青袍，头戴雀尾的男子拱手跪迎，似是引其升天的使者。再上则是天上部分。在天门之中，有二人相对而坐，应为天国司阍者。其上左右各伏一豹，各升一龙，中间有二仙鹤衔铎。上部左方为一勾新月，月上有蟾蜍玉兔，右方为一红日，日中有一黑乌。日月之间，亦即全画正上方的中间，有一人身蛇尾之人，似是表示迎接死者升天成仙的意思。显然，这一幅构图考究、中心鲜明、上下连贯、左右对称的帛画作品，突出的是一个文化主旨，那就是死后"成仙"。

西王母是仙人世界的重要代表之一，有她出现的地方必定也有朱雀翱翔。汉代壁画中朱雀往往与祥云、西王母、日月、龙虎等构成一个个神话仙境。湖南长沙陈家大山楚墓中出土的龙凤人物帛画，表示的亦是龙凤导引死者灵魂上天的景象，凤鸟神采飞扬，描绘细致精美，比龙还威风。汉代人描绘的朱雀千姿百态，异常生动，其种类之多，造型之奇，表现手法之丰富，应用范围之广，空前绝后。

山东微山县两城镇出土的东汉画像石上面，刻有半人半鸟凤凰之形的扁鹊，正煞有介事地用一根石针对人作针灸行医状。扁鹊在上古时代，是一位神医，能歌善舞，因为巫与舞在古代是统一的，所以至今民间巫婆行医时还称作"跳大神"。"石针舞"是在舞中运气寻穴，以至演化为现在的气功与针灸。华佗所创"五禽戏"就是原始时期拟鸟兽舞同气功相结合的一种医学演化形式。

古越文化遗址出土的春秋战国至两汉间文物上则大量出现人体装饰鸟形化的"羽人"形象以及器物装饰的鸟形化现象。羽人图案以南方出土铜器上为最多，在广西、广东、贵州、云南等地出土的，时代在战国至两汉间的铜鼓、铜戈、青铜靴形钺、青铜短剑、牌饰、贮贝器等器物上，往往刻绘着头饰羽毛、羽冠，首后缀翅，面部化妆成鸟形，身着羽衣、羽尾的羽人图案。这种羽人图案以铜鼓上最为普遍。如广西西林铜鼓上绘刻的鹭鸟舞，广西贵

县（今贵港）罗泊湾汉墓出土大铜鼓上的羽人划船图案。

西林铜鼓上的羽人形象

翔鹭衔鱼纹铜鼓羽人龙舟竞渡纹样

洛阳一处西汉中后期墓葬里，墓顶脊绘有一幅怪人朱雀图。怪人裸身长尾，肩披朱色羽衣，长发后飘，双手前伸，立于一龙背上，做驾龙状。朱雀为鹰头凤尾，展翅飞翔。朱身绿翼，翼上点墨，尾涂朱或绿色。

出土于四川邛崃市的汉代画像砖上的羽人像，完全能够表达汉代人们对于死者所寄托的这种想象。图中人物呈人首鸟身，头戴冠，腹部是一轮太阳，其中有飞鸟，姿态与人物同。羽人与太阳鸟的结合，表达了死者飞升成仙的观念。从人物面含微笑的表情和自由舒展的身姿来看，完全是理想的境界。这种图解观念的图式让人十分容易理解其中的文化内涵。

"羽化"的艺术形象之所以能被汉代的中国人所接受，并得以发展、繁荣，如前所述，当然是以其浓厚的神仙思想为土壤的。而羽化文化的内容虽复杂，但基本上仍以神仙思想为核心，以各种方术为修炼手段。尽管如此，大量出土的各地汉代羽人及翼兽的造型风格与形式除有本民族特色外，还明显地带有外来文化艺术的因子。西汉张骞出使西域，东汉班超经营西域，以及"丝绸之路"的开辟，对东西方经济文化的交流，都有极大的促进作用，因而出现了两汉科学技术与文学艺术发展的高潮。当时的中国，已成为世界上最为先进、强大、富庶，科学技术和文化艺术最为繁荣的国家之一，在东西方经济文化交流史和世界文明史上占据了重要地位。秦汉时代，虽然也存在边患危机，但是强盛的国力造就了雄大的魄力，人民凡取用外来事物的时候，就如将彼俘来一样，自由驱使，决不介怀。其时代风气，充满着一种奢侈、猎奇，寻求新刺激的趋向，上自皇室贵族，下至平民百姓，纷纷以胡服、胡帐、胡床、胡坐、胡饭、胡笙、胡笛、胡舞为时尚，竞相效仿。时代风气与强烈的神话、仙话等神仙思想四处传播。这就为外来文化（主要是指与中西亚、古希腊罗马进行经济贸易活动时所触及的各国文化）的进入打开了方便之门。

凤鸟已经融入了中华民族的血脉，它身上不断发展出越来越多的文化内涵。

在讲究人与自然的共生共灭，我中有你，你中有我的思想中，人们模仿凤鸟形态建造大屋顶建筑，意指中国"天人合一"的思想。建筑不仅仅是挡风遮雨的生存处所，更是协调天与人的关系、体现人文社会关系的重要载体。中国古典大屋顶建筑的一个重要特色就是"飞檐翼角"。飞檐翼角的独特造型使建筑具有强烈的冲向天空的升腾感，并与张开双翅的凤鸟的羽翼在形象上重叠，不能不使人感到这是一个明显的象征符号。从建筑结构上讲，飞檐翼角并没有其必然性，而且很多传统建筑也没有这种形式，它仅出现在等级很高的建筑上。因为高等级建筑与凤鸟之间形成了较为稳定的关系，更促使了人们对此种飞腾形式的欣赏。

洛阳金谷园新莽墓壁画中的凤鸟图、凰鸟图，以及洛阳烧沟汉墓出土的彩绘陶壶上的凤鸟与凰鸟相对嬉戏或相互追逐的纹样，既表示阴阳和合又寓意了子孙绵延、人丁兴旺。建筑物顶脊上的雀，不仅有祈祷吉祥、避免灾害（包括火灾，朱雀代表火德）的寓意，而且是相凤鸟。《三辅黄图》云：玉堂壁门三层……铸铜凤，高五丈，饰黄金，栖屋上，下有转枢，向风若翔。因此，汉代望楼及屋脊上的凤鸟不仅是一种装饰品，而且是一种实际意义上的吉祥物和风向标。同样，出土于洛阳汉墓中的汉画像石及门扉上的朱雀铺首衔环，以及铜镜上所绘制的朱雀纹样，既起着祈祷吉祥、避邪的作用，也是当时人们美好愿望的寄托。

第三篇

◎ 世界各地太阳崇拜与神鸟文化 ◎

> 起初混沌未开
> 诸神在火前聚集
> 最谦卑的神舍身扑去
> 变成太阳……
> 阿兹特克人的纪元由此开始
>
> ——《太阳与献祭众神》

人类从蒙昧野蛮时代进入文明时代，经历了漫长的时间，在这漫漫的无尽的探索过程中，太阳成为引领人类从黑暗走向光明的生命之神，"人类正是在伟大的太阳之神启蒙下，开启了对自然生命认知的历程，迈向了人类生命本体觉醒的必由之路"[①]。因此，对太阳的崇拜并非只是一个地方的特殊现象，而是全球性的普遍的文化现象，世界各主要地区和各主要民族都普遍对作为生命本原和光明天使的太阳充满崇拜。

有研究者对世界主要国家的早期文明进行研究之后，认为人类所塑造出的最早的神是太阳神，最早的崇拜形式是太阳崇拜。世界上的太阳崇拜有五大发源地：中国、印度、埃及、希腊和南美的印加。太阳神话是一切神话的核心，一切神话都是由太阳神话派生出来的。太阳"从仅仅是个发光的天体变成世界的创造者、保护者、统治者和奖赏者。实际上变成一个神，一个至

---

① 乔晓光：《太阳，符号的信息——不同民族中的太阳文化观》，《岁寒三友：中国传统图形与现代视觉设计》，山东画报出版社2005年版，第292页。

高无上的神"①。无论东方的中国、印度，中亚的巴比伦，还是北非的埃及，欧洲的希腊、罗马，或者是美洲的玛雅文明等都概莫能外，无不盛行太阳崇拜。也有研究者认为："几乎太阳照耀的每个地方，他都创造出他的敬慕者。历史上的阿卡德人，巴比伦人，阿拉伯人，叙利亚人，迦南人，古印度人，埃及人，波斯人，鞑靼人，蒙古人，拉布兰人，芬兰人，撒摩耶人，斯堪的纳维亚人，阿兹特克人、墨西哥人，印度人，北美印第安人等等——事实上就总体而论，从原始中国到古代秘鲁的整个人类都把他们的真挚热情，崇敬地献给宇宙中这个最宏大的物体，把它作为不可见的伟大精灵的最适宜的代表。"② 可以说，在世界各地都保留着大量的远古先民所遗留下来的太阳形图案或符号，昭示着太阳崇拜的存在，不同地区、不同民族的人群形成了各具特色的太阳崇拜文化。

人们对太阳的崇拜演化出各种鸟类形象，从古埃及到古巴比伦，从两河流域到黄河流域，从亚马孙河到波罗的海，太阳神与鸟紧密结合，彰显出独特的民族文化精神；纳切斯人、印加人、古埃及人、古罗马人也都把太阳神奉为主要的神灵，并且把太阳崇拜与各种鸟类崇拜联系起来。

---

① 麦克斯·缪勒：《宗教的起源与发展》，金泽译，上海人民出版社1989年版，第186页。
② 何新：《诸神的起源：中国远古太阳神崇拜》，光明日报出版社1996年版，第43页。

一、苍穹太阳，鹰隼翱翔：北非埃及的太阳崇拜

太阳这个神奇的精灵，寄托着古人对宇宙神秘的猜测，对自身存在的臆想，对遥远天际的向往。人们怀着普通而真切的情愫，面对那个充满光和热的圆盘，不自觉地将它同周围事物联系起来，把亘古不变的热情奉献给它，同时对它也怀揣几分恐惧。在所有这些太阳崇拜的古老文化中，太阳常常被认为等同于至高之神或者作为至高之神的基本特质而存在，太阳不仅是尘世的统治者，而且是天国里的至高存在，它在诸多文化中取代了天神的位置，或者是天国至高存在者的显现或使者。

人类学家爱德华·泰勒曾说"凡是有阳光照耀的地方，均有太阳崇拜的存在"。太阳崇拜不仅在中国，而且在全世界各国各民族中都普遍存在，太阳是人类共有的信仰。

（一）古埃及的太阳神崇拜

古埃及文明是世界最早的文明之一，主要在北非尼罗河第一瀑布至三角洲地区。古埃及文明兴起的时间为公元前5000年至公元641年，其间先后经历了3000多年的法老王朝，其后被并入罗马帝国。古埃及是人类四大文明发祥地之一，古埃及文化是阿拉伯文化的源头之一。

古埃及是人类最先产生宗教崇拜的地区之一。宗教是古埃及文化最重要的组成部分，贯穿了整个古埃及历史。古埃及人对宇宙的起源充满各种想象，主要有源于赫利奥波利斯、赫尔摩波利斯和孟菲斯的三种宇宙起源说，而后来古埃及的宗教圣地赫利奥波利斯（希腊语"太阳城"）的宇宙起源说得到公认。在古埃及众多的神中，太阳神是最重要的神之一。

古埃及人对于太阳神的信奉比较复杂，根据古代埃及政治文化的变化，太阳神的形象也有过几种不同的表现形式。如早晨的太阳神是凯布利，正午的太阳神是拉，黄昏的太阳神是阿特姆。当底比斯城成为全埃及的都城后，底比斯的主神阿蒙便成为埃及新的太阳神。在底比斯人心目中，太阳神阿蒙赐予众神力量，创造了众神，而且他还是真理的化身，既是创世神也是保护神。后来，阿蒙和拉融合为阿蒙拉神。

拉是赫利奥波利斯（邻近开罗，也译为太阳城）自古尊崇的太阳神。在古埃及人的心目中，太阳神拉是最伟大的神灵，他就是众神之父和万物的主宰，地位类似于西方神话中的宙斯。自公元前26世纪的第五王朝开始，太阳神拉就成了古埃及神殿的主神，各王朝的法老都称自己为"太阳神拉之子"或者是太阳神拉的化身。虽然太阳神拉的身世在古埃及神话中说法各异、并不相同，但是其称呼和形象有固定的几种，分别为拉、科荷普拉、阿特姆、阿蒙和阿吞。

古埃及的神通常有众多形体，能以不同形象现身，代表不同的身份，每个名字都有其对应的专有形象。

太阳神拉以头戴装饰圣蛇乌拉埃乌斯的太阳圆盘头冠的男人或头戴同样头冠的猎鹰首男人身形象出现。在古埃及的神话中，此形象的拉通常被定义为中午的太阳，即太阳神拉。

太阳神科荷普拉，即"自生者"，是古埃及最古老的神之一。其形象与蜣螂或者金龟子相似，或称之为"圣甲虫"，有时又表现为羊首圣甲虫身，在绘画中也经常以人的形象出现，但是头上会有一只甲虫，很多时候通常以甲虫直接取代了头部。很早的时期，古埃及人就将甲虫和太阳联系起来，因为古埃及神话中太阳神每日滚动硕大的日球划过长空，圣甲虫因此被视为太阳的象征，古埃及人把甲虫崇拜和太阳神崇拜结合在一起，冠以科荷普拉之名，并将科荷普拉作为早晨的太阳神。

古埃及神话中将太阳神阿特姆作为傍晚的太阳。阿特姆的形象在太阳神的几种形象中与人类最为接近，通常表现为头戴双冠（法老所佩戴头冠的一种类型）的人类形象。

到了公元前22世纪，原为底比斯地方神的阿蒙在底比斯成为全埃及的都城以后，就成了新的太阳神，"阿蒙"意为"隐秘的"。阿蒙通常以一头戴羽翎和日盘的人类形象出现于古埃及绘画作品中（有时候为羊首人身形象）。

古埃及历史前进到公元前 14 世纪，第十八王朝法老感受到了阿蒙神庙的祭司所产生的威胁，于是推行了宗教改革。也就是从那个时候起，阿吞成了古埃及新的太阳神形象，阿吞神原本只是太阳的象征，在古埃及新王国时期被神格化。太阳神阿吞的形象通常以太阳圆盘和手型阳光出现在古代埃及的绘画作品中，象征着普降恩德。

对太阳神的崇拜历史，是古埃及人的王权理念在宗教上的反映，因此，太阳神崇拜也同古埃及王权的兴盛程度息息相关。

当太阳神拉与荷鲁斯神相融时，便成为鹰头人身、头顶太阳圆盘和眼镜蛇，代表"太阳的家"；当拉与阿特姆、普塔赫、奥西里斯、阿蒙等大神融合时，他们成为威力更大的联并神。

另外也有传说，称阿特姆在无垠的原始海洋中躺在莲花花蕾上睡觉，一天他忽然醒来后，就成为太阳神，被称为阿特姆——瑞，他生下了空气之神苏和水汽之神苔芙努特，而空气之神和水汽之神又生下了大地之神盖布和天空女神努特，从而创造了世界。

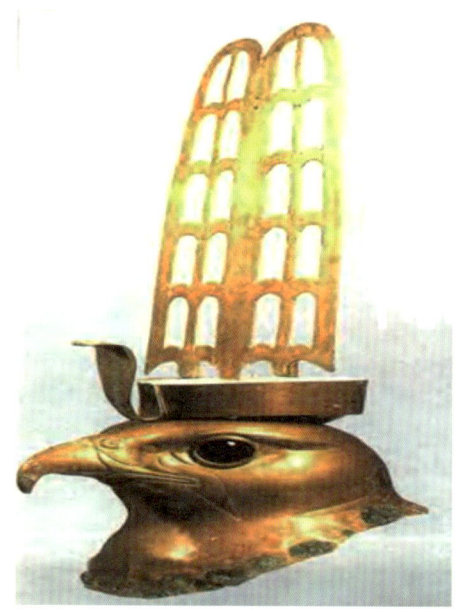

埃及第六王朝的金制鹰头是荷鲁斯形象的一部分，是至高无上皇权的象征

埃及有的地方的人们则认为太阳神阿特姆在一片混沌里从一个蛋中破壳而出，从而创造了世界。

古埃及诞生于肥沃的尼罗河流域，它久远的文明，神奇多彩的宗教诉说着古埃及人的勤劳、勇敢和智慧，点燃了无数人的好奇心。

追忆遥远的过去，轻拨历史的面纱，我们发现，古埃及人和太阳是那么的亲近，他们对太阳的崇拜何其深沉，名目繁多的祭祀、变幻多姿的形象、多姿多彩的神话寄托着古人深厚的情感。在很长一段时期，太阳是古埃及人最高的神，古埃及人认为日神是创世之神，是"太初时期的主宰者以及众神和世人之王、万有之父"。法老们常常自诩为太阳的儿子。在公元前 14 世纪太阳神成了古埃及的国家信仰，后来日神和各种崇拜物交相融合，表现出不同特征。他们把高空盘旋的雄鹰当成太阳神的使者。在古埃及，太阳神拉常常与以鹰为形象的霍鲁斯相结合，其最为古老者可能是鹰形苍天神霍鲁斯，此神本是希埃拉孔和埃德福地区的部落神或地区保护神。这一地区的首领霍鲁斯约在公元前4000年末起事，完成统一全埃及的大业，建立第一、第二王朝。霍鲁斯从部落神中脱颖而出，成为全国信奉的神，是至高无上皇权的象征。

古埃及人崇拜太阳，并效法太阳，甚至坟墓位置也要向着太阳。太阳落于西边，人们则将坟墓置于尼罗河的西岸，接近日落之处，而坟墓门朝东，以便逝者有一天能重见光明，点燃重生之火。在孟菲斯人的墓地里，几乎每座坟墓都朝向东方，就是一块独立的石碑，也无一不是面东而立。

有研究者认为埃及的太阳神在人间有多种物化象征，其中之一为锥形。在赫利奥波利斯的阿蒙-瑞神庙里，锥形石块"本本"，外用铜或金箔包住，在阳光下熠熠闪光，它是太阳神的象征。古埃及的国王墓采用的正是这种锥形，因为这是太阳神的象征形式。巨大的金字塔屹立在沙漠上，塔顶上再放上包着金箔的"本本"石，将太阳的光辉折射到国王的土地上，让人们领受太阳神的恩泽。可见，金字塔乃太阳崇拜的产物。[①] 著名的吉萨（Giza）斯芬克斯，目前长73米多，高20米多，面部最大宽度4.17米。在它伸出的巨爪间，立着一块红色花岗岩石碑，上面的象形文字铭刻着第十八王朝国王图特摩斯四世在登基之前的一日中午因打猎劳累睡在斯芬克斯巨像的阴影下，梦见太阳神哈马奇斯化身的斯芬克斯出现在他面前，许诺他登上王位，得到统治上、下埃及的双冠，条件是王子清理掉淹没它躯体的流沙，王子照做了，并得到双冠统治权的故事。斯芬克斯的特征是人头加狮身，一般认为斯芬克斯的头为哈夫拉法老的头像，大斯芬克斯是集法老、狮子、太阳神为一体的化身，象征着力量与智慧。[②]

古埃及人崇拜太阳，太阳每天早晨从尼罗河东岸升起，晚上在西岸降落。太阳对埃及人来说至关重要。"尼罗河上游，夜短昼长，冬夏如一，故气候干燥……日光能使埃及人安心耕种，祛病延年，并喜从事种种活动"[③]，

---

① 吴庆洲：《太阳崇拜文化与建筑意匠》，《建筑史》（第27辑）2011年第1期，第2页。
② 吴庆洲：《太阳崇拜文化与建筑意匠》，《建筑史》（第27辑）2011年第1期，第2页。
③ 摩赖：《尼罗河与埃及之文明》，刘麟生译，商务印书馆1941年版，第17页。

因而古埃及人称自己的国家是太阳的国度。古代埃及除北部沿海一带属于亚热带地中海气候外，广大内陆地区均属于干燥的热带沙漠气候。地理、气候环境对古代埃及人的思维、宗教文化的发展都产生了突出的影响。埃及的创世说的形成与当地地理环境的影响是分不开的。

在非洲，除埃及以外的其他国家的民众也对太阳神特别崇拜，如在北非的摩洛哥人一直坚信他们的太阳神才是唯一的至上神；在埃塞俄比亚，一些部落中的"太阳"国王的地位如同印加帝国的情况一样；在尼日利亚，太阳王叫"朱奎"；在南非，祖鲁人同样崇拜那位伟大的太阳神；赞比亚的罗茨人视日神纳雅姆比与月神的合体为最高统治者。另外，在非洲一些游牧与狩猎民族中，太阳女神亦有较高的地位。①

（二）古埃及的太阳崇拜与神鸟崇拜

在远古埃及人看来，太阳是那么的高远，在无际的天空上行走，把自己的光和热洒向大地，人类依靠着太阳的恩赐而繁衍生息。但太阳在那么遥远的地方，每天不停行走，因而能够上天落地的鸟儿才是太阳派来的使者，但不是所有的飞鸟都能够担任太阳使者一职，而是最为尊崇的鸟鹰隼才具有这种资格，已知古埃及人最早的与太阳崇拜相联系的鸟就是鹰隼，它在古埃及希拉孔波利斯（公元前3000年）的纳尔迈国王的调色板上就已经出现，象征着太阳神何露斯。

鹰隼一飞冲天，在高空盘旋，与太阳最为接近，因而它成为古埃及人对太阳崇拜相联系的神鸟。面对太阳高悬苍穹，在深邃的宇宙深处发出温煦多彩的光芒，人们充满好奇、景仰，太阳的神奇召唤起无限崇拜。同时天空自由翱翔的雄鹰展示了一个无拘无束的姿态，它飞得那么高，那么远，没有哪种动物的飞行高度超过它，抬起头仰天望去，它好像就在太阳中飞翔。太阳温暖了大地，滋养了万物，而鹰就在太阳身边，它可以飞上人类遥不可及的天空，同时又可以回到地面之上，它应该就是太阳的使者，传达着太阳的信

---

① 高福进：《太阳崇拜与太阳神话：一种原始文化的世界性透视》，上海人民出版社2002年版，第14页。

息。鹰的力量就像太阳一样，征服了古人，他们把对鹰的崇拜和对太阳的崇拜很自然地联系到一起。古埃及人有种传说中的神鸟，名为苍鹭，不仅与太阳崇拜紧密联系在一起，而且它还作为不朽的象征出现在罗马帝国后期的货币之上。在帕米尔诸山的沙克蒂洞中，有石头上描绘的一种怪鸟以及太阳符号。瑰丽多姿的大自然产生了远古文明的萌芽，太阳和鹰结合所形成的崇拜遍及各大洲。

在古埃及神话中以各种形象出现的太阳鸟是一种不死鸟，且与希腊传说中的不死鸟有许多相似之处，许多学者认为关于不死鸟的各种神话传说实际上是对埃及太阳鸟神话的改编，古埃及人将太阳鸟视为太阳神拉的象征，埃及语中的"Benu"意思是"紫鹭"和"棕榈树"，在赫利奥波利斯的太阳神庙中有这种太阳鸟的标志。由于会死而复生，因此它们也常常被视为埃及之王、冥神奥西里斯的象征。

二、欧洲各国的太阳崇拜

在欧洲地区，太阳崇拜也是普遍存在的。不管是在低纬度的希腊、罗马，还是高纬度的北欧都有以太阳作为崇拜对象的神话传说，而与太阳神神话相伴的还有不死鸟的传说。

循着远古人类的足迹，探寻历史的源头，我们发现远古人类智慧无穷，他们用不同的鸟形象展现真诚的表达、美好的期许、创新的智慧，他们塑造出多姿多彩的太阳鸟，太阳鸟由此而生动，文明由此而多彩。

太阳朝升暮沉，周而复始，早晚四季的温差变化、太阳的运行变幻让古人觉得它的生命在有序运行，太阳的神奇多变，气候的冷热变化，使人们自然联想到冬去春来的候鸟，天鹅、鹄等都成为太阳的使者。

（一）古希腊的太阳与神鸟崇拜

在希腊神话里，被称为太阳神的共有三位，最早的太阳神是十二提坦神之一的希伯里翁，他是乌拉诺斯与该亚之子，司掌光明与日光之力，是原始太阳球体的化身。第二位太阳神赫利俄斯是驾着太阳车的太阳神，他是希伯里翁与提亚之子，月女神塞勒与曙光女神厄俄斯之兄。赫利俄斯的形象为高大魁伟、英俊无须的美男，身披紫袍、头戴光芒万丈的金冠。他每天驾驶着四匹火马拉着的太阳车划过天空，给世界带来光明。他情人众多，子女也众多，他的情人之一克吕提厄，最后变成了向日葵，永远向着太阳开放。他还有个著名的儿子法厄同，因强驾太阳车而死。尽管赫利俄斯是一个并不引人注目的神，在诸神中他的地位不属于第一层级，但其经常出现在各种希腊艺术中且形象生动丰富。他被描绘为一个年轻人，戴着太阳光的冠冕，或者是一头明亮的卷发，眼睛炯炯有神。他骑着白色骏马自东向西遨游于天空，最后进入海底，次日黎明又升起于海上，其行程自然是绕地一周。在荷马时代后，赫利俄斯被认为是世界和人类之眼，无所不见；他能使盲者复明，又能让恶人失明。

赫利俄斯

　　第三位太阳神则是著名的阿波罗，他也是光明之神。阿波罗是天神宙斯与第六位妻子暗夜女神勒托所生之子。勒托怀孕后，天后赫拉怒火冲天，残酷地迫害她。可怜的勒托只好东躲西藏，到处流浪。后来勒托终于在爱琴海上找到了一个藏身的小岛——德罗斯岛。这是一个浮岛，常在大海上漂浮。勒托在这里，先产下狩猎及接生女神阿尔忒弥斯，后又在阿尔忒弥斯的协助下生下艺术之神阿波罗。阿波罗全名为福玻斯·阿波罗，福玻斯意为"光明、明亮"。阿波罗被视为司掌文艺之神、人类的保护神、光明神、预言之神、雄辩之神、迁徙和航海者的保护神、医神以及消灾弭难之神。

　　在人们心目中，阿波罗是一个精力充沛、血气方刚的年轻人。他容貌英俊、散发着芳香，长发略微飘起。脸呈瓜子形，前额宽阔，显得精明、坚定、安详、端庄和自豪。头上通常戴着用月桂树、爱神木、橄榄树或睡莲的枝叶或茎叶编织的冠冕。这位光明之神有时穿着奢华，昂首蓝天，在他挂在胸前的齐特拉琴的伴奏下放声歌唱。阿波罗的标志是竖琴、弓、箭、箭袋和三脚架。人们通常用天鹅、鹰、狼、牝鹿和知了向他献祭。

较多的学者认为有关阿波罗的神话来源于小亚细亚，因特洛伊战争时他站在特洛伊一边，那里有许多他的神庙。但也有研究者认为阿波罗神话来源于希腊北方，许佩耳波里的人民自称是阿波罗的后裔。在希腊与阿波罗有关的神话有很多，主要有：一是阿波罗斩杀恶龙皮同，后人在得尔斐阿波罗战胜皮同的地方修建了神庙；二是阿波罗参加奥林匹斯山众神与巨灵的战斗；三是在特洛伊战争中，他的祭司受希腊人侮辱，他施瘟疫，使希腊人遭受侵袭；四是赫尔墨斯发明七弦琴（即里拉）送给阿波罗，使他成为音乐之神；五是特洛伊公主卡珊德拉与阿波罗相爱被赋予预言天才，而公主事后食言，阿波罗又使其预言失灵；六是神女达佛涅为摆脱阿波罗的追求，变作月桂树，被称为阿波罗圣树；七是阿波罗和波塞冬合力帮助特洛伊，建起牢不可破的城墙等。

阿波罗

关于阿波罗成为太阳神之说，是与古希腊人对诸神的地位和作用产生严重混淆后出现的，公元前5世纪后，太阳神赫利俄斯就与艺术神阿波罗发生严重混同，一些希腊人认为阿波罗就是赫利俄斯，即太阳神的化身。不过由于赫利俄斯最终没有完全和阿波罗混合，因此一些后世作家才在对希腊神话的写作中对两个太阳神的职能出现重叠的原因进行了解释，认为在提坦之战后，天神宙斯封赏众神，光明神阿波罗索要太阳之职，宙斯忘记了正在值日的赫利俄斯，便应允了阿波罗的要求。另外还有一种说法是赫利俄斯之子法厄同因驾太阳车造成灾难，宙斯非常生气，把太阳神一职交由阿波罗。从此阿波罗一方面保护农业，另一方面他又具有非凡的战斗力，他的阳光被视作金箭，使他具有战神的作用，因而在希腊神话中常见的阿波罗形象是长发无须的青年美神，随身带有里拉、弓、神盾等。

阿波罗也是音乐神和诗神，掌管着缪斯众女神。他可唤起人们倾注于圣歌中的各种情感。在奥林匹斯山上，阿波罗手拿金质里拉，用悦耳的音调指挥缪斯的合唱。当阿波罗帮助波塞冬建造特洛伊城墙时，里拉奏出的音乐如此动听，以至石头有节奏地、自动地各就其位。但在希腊神话中，阿波罗有时也会暴露出冷酷残忍的一面，如有一次阿波罗接受凡人音乐家马斯亚斯的挑战而参加一个竞赛，在战胜对方后，阿波罗将马斯亚斯剥皮致死，以惩罚他的狂妄自大。在另外一次音乐比赛中，阿波罗输给了潘神，但他不愿意认输，就将裁判迈尔斯国王的耳朵变成了驴耳朵。但阿波罗也有善良的助人为乐的一面，如他曾经帮助风雨女神的儿子赫尔墨斯进入奥林匹斯神山居住，阿波罗曾经亲自去劝赫拉，并把赫尔墨斯变成赫拉的儿子阿瑞斯的模样，让赫拉心动，终于同意让赫尔墨斯进入神山居住。后来，赫尔墨斯偷了阿波罗的牛，被发现后想用自己做的七弦琴和阿波罗交换，阿波罗最初很生气，但经劝阻，最后还是原谅了赫尔墨斯，并把牛送给了他。但是阿波罗却小视了小爱神厄洛斯，导致自己求婚失败。

在古希腊，不死鸟是一种传说中的太阳神鸟，它与希腊神话中的阿波罗有着密切的联系。根据希腊的传说，不死鸟生活在阿拉伯半岛上的一口枯井附近。鸟儿在清晨的阳光下沐浴，并唱着美妙动听的歌，而太阳神阿波罗就停下他的战车静静地聆听不死鸟动听的歌声，好像这时世界上就只有不死鸟的存在。每当不死鸟知道自己要接近死亡的时候（寿命500年或1461年），它都会用芬芳的树枝来筑巢，然后在火焰中燃烧。当它快燃尽的时候，会有一只新生的不死鸟从火焰中飞出。它会用没药树的汁液涂在死去不死鸟的尸体上并和它一起飞向太阳之城,它再将卵放在太阳神的祭坛之前。

罗马诗人奥维德描述不死鸟:"大部分怪物都是由其他生物衍生而来的,只有一种例外,它们可以再生,亚述人称之为不死鸟。不死鸟并非靠花草果实维生,而是以乳香为食,在降生五百年后它会落在棕榈树顶端用橡木枝为自己搭建一个巢,然后出外收集肉桂、甘松和没药等香料,衔入巢内,垫在自己的身下。当它呼出最后一口气后会悄然死去,此时从它的身体里将飞出一只新的不死鸟,同样拥有五百年的生命。等这只不死鸟长大到有足够的力量时,就会把父母的巢从树上升起,衔往埃及的赫利奥波利斯城,放在太阳庙里。这个巢是它的摇篮,同时也是它父母的坟墓。"

柏林《流亡者》杂志的"火鸟"图(1921年)

最早提到不死鸟的人是公元前8世纪的希腊诗人、《神谱》的作者赫西奥德,最早详细描述不死鸟的人是希腊历史学家赫罗底特斯,他说,"我并没有亲眼见过它,只是在绘画中见过,它的羽毛一部分是金黄色的,一部分是鲜红色的,外形像一只巨鹰",而且还拥有美丽的歌喉。到了公元4世纪以后,不死鸟的形象发生了变化,传说寿限将至的成年不死鸟会在巢里自焚,三天后将重新升起,像基督一样复活,此时的"不死鸟"已经拥有了"永生"和"死而复生"的象征含义。罗马科学家普林尼在写给罗马参议员马尼利亚斯的一份材料中曾经提到不死鸟的再生,他说死去的不死鸟的骨头里会生出一只小蠕虫,这只虫最终成长为新的不死鸟。有人认为不死鸟实际上是一种巨大的爱干净的鸟类,它们为了杀死身上的寄生虫,将翅膀放在火堆的烟上熏,见者误以为它们是从火里诞生的。

俄罗斯民间传说有一种火鸟拥有太阳赋予的极高权力,鹦鹉、渡鸦等都怀揣着人们的信念环绕在太阳身边,美丽动人的神话传说就像给它们镶上光芒四射的宝石，那是一种美，一种用文明和智慧塑造的美，它勾起人们无限的遐思。在神话传说中太阳神与鹦鹉有着亲密的合作。

动人的希腊神话给后世留下无尽的艺术构思之源泉，随着希腊文明的扩张，其文化影响力渗透周围各地。希腊后来虽国力衰退了，文化却经久不衰，征服了罗马帝国。后来随着罗马帝国势力统治亚非欧各地，希腊文化在这些地区产生了强有力的影响，希腊神话的影响遗迹便散见于地中海沿岸及西亚。

在希腊和罗马，对太阳的崇拜还与太阳马崇拜相联系。在古代斯巴达，人们在每年的收获季节都把马和马车扔入大海以祭祀太阳神。在罗马帝国后期，太阳崇拜曾取得重要的乃至绝对的统治地位，甚至还产生过太阳一神教，它的影响波及密特拉教与基督教，那时几乎所有的神包括耶稣和密特拉都具有太阳的特征。太阳节日被隆重庆祝，太阳神成了万神之首和宇宙之王。就连定基督教为国教的君士坦丁大帝最初都曾醉心于太阳崇拜，即使到了德尔图良时代，某些基督教徒在祈祷时仍然会面朝太阳，以示心中对太阳的崇拜。

（二）北欧神话中的太阳崇拜

在北欧神话及当今节日里都有太阳神信仰的痕迹。北欧神话中的太阳神虽未进入最高神之列，但是也可以看出世人对其的崇拜之情。

苏尔，是北欧神话中的太阳驭者，是太阳的化身。她是巨人蒙迪尔法利的女儿，她的丈夫是火焰巨人史尔特尔的儿子——格劳尔。她的兄弟是玛尼是月亮驭者。

据北欧远古先民传说，神族打倒了巨人族的始祖伊密尔，伊密尔死时把所有的巨人都吞噬了，只有拜高米尔和他的妻子逃了出来，在世界的边缘建立了一个巨人王国耶吞海姆，时时想着报仇。神族用伊密尔的身体创造了天地，将穆斯帕尔海姆的水花放到天空中，两块最大的水花是太阳和月亮，其余较小的水花就是满天的星斗。神族中的蒙迪尔法利娶了苏尔体尔的女儿为妻，他们的女儿苏尔是太阳车的驾驶者，而他们的儿子玛尼则是月亮车的驾驶者。为太阳车拉车的两匹马名为阿瓦可（早醒者）、奥斯温（步快者），为了不让太阳的金辉烧坏马匹，还在马后安置了一面巨盾，名为司瓦凌（冷者）。月亮车由一匹名为奥斯维达（永远迅捷者）的马拉着，同时夜之女神诺忒（夜）是月亮车的前导。一只名为斯库尔的狼总是在车后追逐太阳，想把它吞下去。当发生日食时，就表示苏尔被追上了，这时候地上的人们就会敲锣打鼓以吓走天狼。但总有一天，斯库尔将把太阳吞下，那时就是诸神黄昏到来的时候。而当世界重生之后，驾驭太阳车的任务会由苏尔的女儿——苏娜继承，新的太阳无须用盾隔着，因为它将会无比温和，使大地再次重现生机。

  北欧神话中还有另一种说法，即太阳神只提供热力而不放射光亮，而耀眼的光明其实来自阿瓦可和奥斯温的鬃毛之间。所以北欧神话中除了太阳之神外，还有光明之神，巴德尔就是北欧神话中的光明之神，他也是光辉美丽的化身，春天与喜悦之神。巴德尔的父亲是阿萨神族的神王奥丁，母亲是神后弗丽嘉，他和黑暗神霍德尔是孪生兄弟。巴德尔英俊、天真、快乐，他的金色头发和白皙的脸庞像是永远在放射光芒，万物皆热爱他，而他也热爱万物。传说当他微笑的时候人们都会感到无比喜悦。

  另外，在北欧的部分神话中，传说弗雷与巴德尔同为光明之神，或称太阳神。他也是丰饶、兴旺、爱情、和平之神，美丽的仙国阿尔弗海姆的国王。太阳神弗雷有着无比的威力，他拥有一把光芒四射的宝剑，他还有一只袖珍魔船，必要时可运载所有的神和他们的武器。他属下有着无数的小精灵，在世界各地行善。另外，还有传说称太阳神弗雷经常骑着一匹长着金黄色鬃毛的野猪出外巡视，天下各地的人们都享受着他恩赐的和平与幸福。

巴德尔

（三）欧洲太阳崇拜的其他表现形式

在欧洲，太阳神的形象不仅体现在丰富而生动的希腊、罗马神话中，而且还体现在当今欧洲民间节日中。有研究者认为："太阳出现在北欧这一特殊的地理环境（高纬度）里自有其重要意义，他们在历经长久的黑暗之后终于迎来光明，必定以盛大节日纪念日神光临，挪威特罗姆瑟人1月21日的太阳节日最能体现这一特殊地区民族的太阳崇拜的遗风了。"① 在德国中部山区，人们以圣约翰日（夏至日）来庆祝火节的来临，这一天人们燃起篝火，跳起火舞，将燃着火的车轮（太阳）自山上滚下，以纪念施洗者约翰。"他上去，而我却下来"，成了日神的哀叹。在巴尔干，一些民歌更能反映日神信仰之遗迹。

有学者从符号学和纹章学的角度分析，认为在欧洲"考古发掘的十字图纹及其变体、日纹和日崇拜岩（崖）画均反映了太阳崇拜为人类早期的信仰"②。有学者认为，十字纹与太阳神有着直接的关系，在十字形演化为十字架成为基督教的象征之前，古埃及和古希腊的十字形都象征着太阳。"《金字塔铭文》第1026条就记载日神拉的船桨按四个方向，成十字摆设。"③ 也有研究者认为太阳崇拜是一种远古的符号崇拜，因为远古人类没有文字，就用简单的符号来表示对太阳的崇拜之情；在不少远古的考古遗址中发现有许多日神象征的符号形式，如"著名符号学家麦肯齐列举了大量西欧及其他地区的符号，它们都是太阳的象征"④。而这些符号的使用，一方面证明了太阳崇拜在古代欧洲已经非常常见，同时也说明当时文字尚未出现，不得不用符号来表示太阳，并通过符号来表示对太阳的崇拜和敬畏之情。另外，考古学家

---

① 高福进：《太阳神话与太阳崇拜》，《西南民族学院学报（哲学社会科学版）》，1993年第5期，第17~21页。

② 高福进：《太阳崇拜与太阳神话探源：一种原始信仰的世界性透视》，《青海社会科学》，1999年第5期，第90~95页。

③ Stephen H. Peters. *America's Fascinating Indian Heritage*. Reader's Digest Association, 1978, p. 72.

④ D. A. Mackenzie. *The Migration of Symbols: Their Eternal Relations to Beliefs and Customs*. New York: Kegan Paul, 1926, p. 153.

在欧洲的一些山体上发现了大量的岩（崖）画，这些画虽然简单，但都不同程度地体现了日神的形象和崇拜，如考古学家发现北欧卡累利阿岩画中绘着代表光束的圆或半圆，这些都与日神崇拜有某种关联，是日月的象征。①

总之，关于太阳以及与太阳鸟的崇拜在欧洲各处都普遍存在。其主要的表现形式及其产生原因都大致相似。

---

① 谢·亚·托卡列夫：《世界各民族历史上的宗教》，魏庆征译，中国社会科学出版社1985年版，第37~38页。

三、亚洲其他国家、民族的太阳崇拜与神鸟崇拜

在东亚其他地区以及东南亚、南亚、西亚、中亚等地,日神的地位也特别显著,这往往从当代遗迹以及当地神话故事中可以看出来。

(一) 远古印度的太阳崇拜

在远古印度,太阳作为驾驭一切其他自然力的宇宙神秘力量的象征物而被崇拜。远古的印度人认为有一种巨鹰兼百鸟之王叫迦卢荼,并把它和太阳联系在一起,作为太阳初生和死后生命的象征。

古印度的雅利安人也很早就确立了对于太阳的宗教信仰,甚至设立了严格的宗教仪式,雅利安人的祭司婆罗门每天在太阳升起、太阳正午、太阳西坠等三个时间点都会进行宗教活动,以表达对太阳的崇拜。卐字符号最初被雅利安人看作太阳神的图腾标记,而被刻画到各种建筑物乃至日常生活用品上。

古代雅利安人的太阳神卐字符号标记

在远古印度,太阳神真可谓不计其数,在众多神话故事中,印度一共有大大小小三亿三千三百多万个神灵,仅仅是阿提帖集团神系就有太阳神 12 个,如其中的日神苏利亚可谓是无所不能,他能驱散乌云,冲破黑暗,并能消除噩梦与疾病。苏利亚的外在形象是太阳的金轮。其他的日神形象还有普善和毗湿奴,普善代表太阳的力量,毗湿奴则代表急速运转、三步绕天一周的太阳。同样,太阳英雄与太阳国王在印度神话中占有突出地位,这在其梵语赞美诗

《梨俱吠陀》中有详细记载，其他著名的叙事诗亦有不少日神的记载。在中世纪的莫卧儿王朝，太阳崇拜曾经显赫一时。总之，太阳神是印度神话中最流行的神灵之一。

在古印度，太阳崇拜不仅成为宗教的重要内容，而且也渗透到人们的日常生活之中，特别是在雅利安人进入印度后，太阳崇拜更是深刻地影响村镇规划和建筑形态。雅利安人的村镇周围会专门铺设一圈道路，这圈道路象征着天上太阳的运行轨迹，雅利安人也通过这条道路进行宗教仪式来向太阳朝拜。太阳崇拜也对之后印度佛教的相关建筑产生了深刻的影响，如佛教特有的建筑桑奇窣堵波就带有明显的太阳崇拜的特色。该建筑有着圆形穹顶，好似安放于地上的太阳，佛教徒到此进行朝拜，都会严格地沿着顺时针方向行进，以此模拟太阳的运动。为了表达对太阳神的无比崇敬之情，古代印度人还会以白色的战马作为祭品来隆重祭祀太阳神。

桑奇窣堵波

（二）远古日本的太阳崇拜

日本是一个有着悠久的太阳崇拜文化的国度，根据广泛流传的神话，日本的太阳女神即天照大神（Amaterasu），是日本人的始祖神。日本皇室认为他们就是太阳女神的后裔。太阳神的信仰赋予日本皇室万世一系的合法性。

因此，日本国内盛行对太阳神——天照大神的隆重祭祀，日本皇宫中也曾有专门负责祭祀太阳神的祭司。日本《古事记》第38、39章叙述了该文献中的一个重大事件，那就是：太阳女神派遣两位使者去抚慰日本大地，之后又派她的曾孙仁义到尘世间做了皇帝，成为日本第一位天皇。

对日本太阳女神信仰的研究，某种程度上还揭示了日本的国体，至今日本的国旗正中央就是一轮完整的红日。同时，日本国名的由来也与太阳有着极为深厚的渊源，所谓日本即是"日出之国"，这也表现了日本大和民族长期对太阳的崇拜。

太阳神不仅是日本皇室的祖先神，而且还是日本稻作农业守护神。古代日本长期都是一个典型的农业国，其种植旱稻、水稻的历史可以追溯到数千年之前。稻子的种植，农业的发展，与太阳的光照、热量密切相关。据日本远古传说，稻种是由太阳神化育生长，然后作为赐予大和民族的礼物，从而使日本人民得以生存发展。因此日本人民对太阳神十分感恩，很早也就对太阳产生了崇拜，对太阳神产生了信仰，他们感念太阳神的恩德赏赐，也祈求太阳神的保佑能带来农作物的丰收。

鸟居

日本也有与太阳崇拜相联系的鸟崇拜。鸟居是附属于神社的建筑物，类似于牌坊。关于鸟居的起源，传说也与日本人对太阳神的崇拜有关。根据日

本的古史传说,一次太阳神与他的弟弟须佐之男闹矛盾,他躲到一个山洞不愿出来,还用巨大的石头堵住洞口,使人间陷入一片黑暗。于是其他神灵就合力建造了高大、坚固的木质支架,并在支架上放满了公鸡,公鸡喔喔喔地叫个不停,引得太阳神好奇地走出洞口查看,神灵们趁机推走了巨石,太阳神才放弃了赌气,人间又恢复了光明。据说这个支架就是日本的第一个鸟居,之后鸟居在日本的神社中广泛修建,作为区分神界与世俗社会的界限,由此反映了日本大和民族对太阳神的无尽崇拜。

(三)远古高句丽及朝鲜的太阳崇拜

高句(gōu)丽人由濊貊、扶余人和部分靺鞨人、古朝鲜人融合而成,主要分布在今中国东北地区和朝鲜半岛。远古高句丽人也盛行太阳崇拜。

高句丽的始祖高朱蒙又叫东明,也称东明王,东明蕴含着日出东方、天地明亮之意。而高朱蒙的父亲是天神解慕漱,也就是解除夜幕的光明之神。这些高句丽始祖的名字也能反映出高句丽人以及朝鲜人对于太阳的狂热崇拜。

远古时期,朝鲜先民盛行太阳崇拜。"论及自然崇拜之时,太阳崇拜过去一直是最突出的,所谓古史记载'哪里有黑暗,哪里就有魔鬼;哪里有光明,哪里就有和谐'。"[①] 据朝鲜远古神话传说,在古代朝鲜的伽倻地区突然从天上降下一个黄金做的盒子,金盒子里有着六个圆如太阳的黄金卵,并闪耀着与太阳一样的强光,之后六个黄金卵变化成六个小孩,不断繁衍生息,建立城市与国家,才形成之后的朝鲜民族、国家。此一传说体现出朝鲜族起源与太阳、太阳神的深厚渊源,朝鲜族人长期以来都把自己看作太阳神的子孙,对太阳神充满了无限的崇敬与信仰。朝鲜国名亦即"朝日鲜红"之意。

而正是由于古代朝鲜的先民们异常崇拜太阳,渴望光明,进而对太阳和太阳光的颜色——白色,也有了特别的偏爱,在日常生活中喜欢穿白色的衣服。而中国的古籍《山海经》中就把当时的朝鲜人称作"白民",因此古代

---

① 高福进:《太阳崇拜与太阳神话:一种原始文化的世界性透视》,上海人民出版社2002年版,第18页。

朝鲜民族有白衣民族的称号。同时，在朝鲜的民族起源神话中多处可见白色意象，如白马、白鸟、白鸡等。白色俨然成了朝鲜民族鲜明的图腾象征。

此外，太阳神也是古代印度尼西亚人信仰的重要神明之一，古代印度尼西亚的王室贵族也自称太阳神的后裔。

（四）古代两河流域的太阳崇拜

两河流域是西亚最早出现文明的地区，而苏美尔人（也叫作苏默人）是生活在两河流域的早期民族，他们创造了辉煌灿烂的苏美尔文明。太阳神是苏美尔人所信奉的重要神明之一，在苏美尔人创作的传奇史诗《吉尔伽美什》中，记载了太阳神乌图的故事，并将乌图描绘为一个全知全能、洞察一切、预知未来的神明。

生活于古代西亚的闪米特人也同样信奉太阳神，把他们的太阳神夏马什看作最古老的神明。西亚历史上众多民族都对太阳有着类似的崇拜，对太阳神有着共同的信仰。

巴比伦人是指生活在古巴比伦地区的人民，包括阿摩利人、阿卡德人、迦勒底人等。太阳崇拜在古巴比伦人中也有着明显的体现，他们认为日月星辰尤其是太阳的运行影响着人类的命运，乃至影响着世间万物的发展变化。因此古巴比伦人修建通天塔，狂热地观察太阳的运转轨迹，研究太阳星座，想以此来探明人类自身的命运以及世界的走向。

生活于西亚的古代波斯人也高度信仰太阳神，他们建立了庞大的帝国波斯，而波斯帝国的国王们也都自称太阳神的子孙，既神化了君主统治的合法性，也毋庸置疑地表明了对太阳神的崇拜。古代波斯人信仰一个叫作米赫尔的神明，而米赫尔的意思则是友好的太阳。他们认为是米赫尔滋养、守护这整个世界，把米赫尔看作全人类、全世界的伟大守护者，这也不可否认地表明了当时波斯人对太阳的崇拜和对太阳神的热爱。之后，古代波斯地区兴起了拜火教，宣扬对于光明神的信仰，虽然人类创造的火是光明的重要来源，但天上的太阳则无疑更是光明的主要来源，因此这也在相当程度上反映了波斯人对太阳的崇拜与信仰。

（五）古代印度、日本、波斯的神鸟崇拜

除中国以外的亚洲其他国家、民族不仅对太阳充满崇拜之情，同时往往也会把太阳与鸟类或多或少地联系在一起，进而也产生了普遍的神鸟崇拜。

远古印度，人们认为有一种巨鹰兼百鸟之王叫迦卢荼，并把它和太阳联系在一起，作为太阳初生和死后生命的象征。而作为印度国鸟的孔雀，更是自古以来都受到印度各族人民的喜爱、崇拜。因此印度流传着众多与孔雀有关的神话故事，如孔雀由于速度敏捷而成为印度战神的坐骑，孔雀也是印度创造之神、智慧之神的坐骑，而能以孔雀为坐骑的神几乎都是印度各族人民所信奉的高阶天神，这些神明都会辨明善恶、惩恶扬善。此外，印度的佛教天神因陀罗为了报答孔雀的救助之恩，赋予了孔雀驱灾辟邪的神力，印度各族人民都把孔雀看作吉祥之鸟，认为孔雀能为他们带来安稳富足的生活，乃至于把孔雀称为天堂之鸟，任何人都不允许也不敢伤害孔雀。

《慧鸟本生》是印度佛教的著名故事，在故事中菩萨化身为啄木鸟，救助了被骨头卡住喉咙的狮子。菩萨化身的啄木鸟有勇有谋，有勇气进入狮子口中，同时运用自身的智慧躲过了狮子的贪婪嗜杀，很好地体现了菩萨的善行与智慧，而菩萨化身为鸟也反映了古代印度人对于鸟类的崇拜。

《五卷书》是印度知名的故事集，其中有一个著名的"金翅鸟"的故事，金翅鸟是印度神话中的神鸟，其形象在印度历史上流传很广。《五卷书》中"金翅鸟"的故事讲的是一位出身低下

印度神毗湿奴骑着巨鹰兼百鸟之王迦卢荼

的纺织工人爱上了高贵的公主，纺织工人的朋友为他量身定做了一个机械金翅鸟，帮助他收获了爱情，与公主过上了幸福的生活，表明了印度人民对于金翅

鸟的崇拜，渴望金翅鸟能够帮助下层人民获得幸福，拯救下层人民于苦难。

日本大和民族将其信仰的太阳神与神鸟紧密地联系在了一起。日本神话记载，太阳神的后裔、日本第一代天皇神武天皇东征之时，曾派遣贺茂建角身神化身为八咫乌去侦察敌情，并成功击败了敌人，之后日本多地都供奉这位神明。而八咫乌的具体形象与乌鸦非常相似，这体现了大和民族对于鸟类的崇拜。此外，古代日本人长期以来就认为万物有灵，而鸟类动作迅捷且能飞翔于天空，更是被大和民族看作有灵性的动物而进行崇拜。根据相关的考古发掘报告，在日本弥生时代的遗迹中发现了众多鸟形器具与鸟形图案，这表明鸟类崇拜对于古代日本人社会生活有直接影响。风土记是日本的地方志，专门记载日本各地的风土人情，而据大量风土记，大和民族还把鸟类崇拜与稻谷文化联系在了一起，即认为白鸟乃是稻谷神明，并能够化身为稻谷。古代日本是典型的农业国家，稻谷的重要性不言而明，而把白鸟看作稻谷之神，无疑表明了民众对于鸟类的崇拜。

三足乌也被称作三足金乌，根据传说，三足乌栖息于太阳之中，对于三足乌的信仰非常广泛，生活于东北亚的高句丽人就非常崇拜三足乌。在高句丽人看来，三足乌代表太阳神，象征着力量，在考古发掘出的高句丽遗迹中，发现了许多与三足乌相关的图腾印记。

生活于西亚、中亚地区的波斯人也长期把雄鹰作为太阳的象征，进而对雄鹰异常崇拜，无论是在波斯人铸造的古代钱币上，还是在古代波斯国王的王冠之上，都刻有与鹰翼类似的翅膀。

鞑靼人长期生活在蒙古高原之上，且长期过着游牧生活，草原的无垠，天空的广阔，以及对于太阳的崇拜，使得鞑靼人对雄鹰也充满了喜爱乃至崇拜，鹰便成为鞑靼人最为重要的图腾之一。而据《蒙古秘史》记载，成吉思汗的祖先曾遭遇困境而与雄鹰相依为命、捕猎为生，之后孛儿只斤家族便把鹰看作家族的救星，当作保护神来进行崇拜、供奉。甚至成吉思汗本人在征服蒙古草原之前，屡次遭受磨难，也是得到了雄鹰的帮助而转危为安。成吉思汗家族某支系自称鹰氏族，并以鹰作为子孙的名字。这些都很好地体现了古代蒙古人对于鹰的崇拜。

在朝鲜族先祖起源的神话故事中，通常有着天马、白鸡、喜鹊保护朝鲜族始祖的描述，天马、白鸡、喜鹊都有可以翱翔天空的翅膀，同时它们也都是天神派遣到人间的使者，这体现了朝鲜族人民对于鸟类动物的喜爱与崇拜。

四、美洲印第安人的太阳崇拜与神鸟崇拜

穿过历史的长廊,跨越时空的阻隔,我们会发现生活在美洲的印第安人同样崇拜太阳,他们虽然以部落为中心,但太阳神崇高的地位不变。美洲的印第安人主要有三大文化体系,即玛雅文化、阿兹特克文化和印加文化。

(一) 玛雅人与太阳崇拜

玛雅人生活在墨西哥南部和中美洲北部,他们是古代印第安人的一族。玛雅人崇拜多种自然神,他们信仰的神除了太阳神以外,还有雨神、五谷神、死神、战神、北方星神、风神以及四方神等。玛雅人崇拜的最高之神为太阳神伊察纳,他被尊为上帝的化身,居于诸神之上,是"白昼"和"黑夜"的主宰以及文字、书籍的创造者,而且他也是祭司的保护神。他的妻子伊什切尔则是地力之神。玛雅人也十分崇拜雨神和土地之神——恰克。

依照玛雅人的观念,世界共有重天和层地,在重天世界的东、西、南、北四方各有一棵宇宙树,东为红树,西为黑树,南为黄树,北为白树,而中央有一棵绿树。在四方的宇宙树上住着四位雨神,他们各有一个巨大的水罐,雨神将罐中的水倒出,便会下雨。在天上,在绿树的树荫下,有一座天堂,住着天堂之神伊什塔布。天堂里充满欢乐,没有疾病,没有痛苦,没有忧愁,有的只是非常鲜美可口的食物和饮料。多种圣树郁郁葱葱,奇花异草芬芳四溢,供人欣赏和休憩。在重天之下有层地,层地之下则有一个地狱,称为米特纳,由魔鬼和死神乌豪统治,他用饥饿、严寒、无止境的劳累和悲伤等极为残酷的手段折磨着人们。人死后的命运如何,不仅取决于一个人在人世间的行为,而且取决于一个人在社会上的地位,如祭司死后升入第三重天。另外，人死后的命运也可能部分取决于死亡的方式。

玛雅人也把他们所崇拜的太阳与鸟类联系在了一起，他们认为太阳神是乌鸦变化而来的。

（二）阿兹特克人与太阳崇拜

远古时期，阿兹特克人主要生活在北美洲南部的墨西哥，是当地人数最多的一支印第安人，因此他们也被称作墨西哥人或墨西加人。阿兹特克人很早就孕育出了早期文字与原始宗教，太阳神是他们信仰的最重要的神祇之一。在阿兹特克人第五太阳诞生的神话传说中，1600个神都自我牺牲，用他们的心和血来喂养愿意变成太阳的纳纳特辛，使他最终变成至高无上的太阳神托纳缔乌。为了表达对太阳神的尊敬与崇拜，阿兹特克人盛行用活人祭祀太阳神，通常把献祭者的心脏或血液献祭给太阳神。在阿兹特克人生活的地方还广泛流传着一个传说，就是只有用人的鲜血祭祀太阳神，太阳才能每天从东边升起，他们种植的庄稼也才能得到阳光的滋养从而获得丰收。

武士图①

---

① 阿兹特克人的武士在军人生涯中可以升到两个最高级军衔：虎武士或鹰武士。鹰武士头戴鹰头盔，是太阳神的士兵。

另外，太阳神威齐洛波契特里原本只是阿兹特克人信仰的"战神"，但根据阿兹特克人的传说，他们的祖先在威齐洛波契特里的指示下向南而行到达特斯科科湖，从而找到了理想中的乐土家园，阿兹特克人便在此处修建城市，繁衍生息，直到现在此地仍然是墨西哥城的中心所在。由于威齐洛波契特里的功绩卓著，阿兹特克人把他升格为太阳神。1790年，在墨西哥城中心广场发现了宝

第五太阳石

贵的文化遗迹"第五太阳石"，该石直径近4米，重约120吨，并刻有阿兹特克宗教传说中的相关图像，表明了阿兹特克人对太阳神的无比崇敬。阿兹特克人还以太阳神的名字来为他们所建立的国家命名，之后逐步演变为以墨西哥作为国名。

（三）印加人与太阳崇拜

印加人是生活于南美洲的古代印第安人，他们也被称为印卡人。印加人是多神信仰，他们信奉的有太阳神、风神、雷神、雨神等多种天神，而太阳神无疑是印加人最为信奉、尊敬的一位神灵，太阳神伊蒂就被印加人尊为众神之首。印加的意思是太阳的子孙，这个含义也证明了印加人对于太阳无与伦比的狂热崇拜。

据南美洲广泛流传的神话传说，印加人的祖先是太阳神，所有的印加人都是太阳神的后裔，印加王更被看作太阳神在人世间的化身，甚至连辉煌灿烂的印加王朝也是由"太阳之子"阿亚尔四兄弟和玛玛四姐妹开创的，这八人互相结为夫妻，并在太阳神的指示下，翻山越岭，跨江渡河，不断地在大地上奔走，以寻找乐土。在此过程中他们历经磨难，比如四兄弟中阿亚尔·乌丘就因为在探索的过程里亵渎了圣物，遭到严厉的惩罚，变成了一块石头。最终，只有四兄弟中的阿亚尔·曼科与四姐妹中的玛玛·沃利奥成功到达土壤肥沃的库斯科附近的地区，在此开创了印加王朝的统治。之后，印加王朝建立了以宗教为纽带的国家，印加统治者要求百姓们都要信奉太阳神，

并要以献祭等宗教形式来不断表现出对太阳神的崇拜，因此太阳神可以说是所有印加人的最高精神信仰，因此印加帝国也被称作太阳王国。金光闪闪、灿灿夺目的黄金也被看作太阳神的象征，因此印加人大量开采黄金，但是这些黄金并不用于交易，而是用于贵族装饰或者宗教仪式，以此来接近至高无上的太阳神。此外，黄金也被大量运用于太阳神庙的装饰上，表现了印加人对太阳神的崇敬，彰显了太阳神在印第安人社会生活中至高无上的地位。

印加人在南美洲的大地上修建了众多的太阳神庙来祭祀太阳神。萨克萨伊瓦曼是印加帝国兴建的一个大型要塞，该要塞地形险要，防卫严密，是印加帝国的藏宝之地，收藏着数之不尽的金银财宝。而该要塞中除了修建有王室浴池和竞技场等帝国上层统治者的享乐建筑外，还专门修建有太阳神庙，这也证明了印加人对于太阳神精神崇拜的虔诚与狂热。至于印加人所修建的金字塔庙、羽蛇金字塔等建筑物，也都是太阳崇拜和太阳神信仰的具体文化载体。

（四）南美其他各印第安分支与太阳崇拜

1. 纳切斯人与太阳崇拜

纳切斯人是生活于密西西比河下游东侧地区的印第安人，根据古老的神话传说，是太阳神帮助他们建立了家园、创造了国家，因此纳切斯人非常崇拜太阳，并虔诚地信仰太阳神。纳切斯人的君主称为大日王，被看作太阳神在人间的化身，因此所有的臣民都必须臣服于大日王。同时，纳切斯人的统治阶层都自称太阳神的后裔，因此他们成了纳切斯人等级制度中最高的一级——太阳族。纳切斯人还修建神庙，对太阳神进行祭祀，神庙中的圣火一直燃烧不息，乃至于在每天太阳升起之时，纳切斯人都要举行相关的仪式，比如跟随太阳的运行而奔走、呼喊，这些都表明纳切斯人对太阳神的无比崇敬。

2. 达科他人及阿尔贡魁人与太阳崇拜

达科他人是生活在北美的印第安人中的一支，他们将日神畏依看作至高无上的神明，并认为日神是"人类之父"。

阿尔贡魁人是北美洲最大的印第安人部落，他们认为太阳神是创世之神，是太阳创造了世间万物。无论是生活于北美洲还是南美洲，无论部落是大还是小，几乎所有的印第安人都会把太阳神看作造物神，认为是太阳神创造了世间万物，甚至其他的一些神明如羽蛇神也是太阳神创造出来的。印第安人认为正是在太阳神的恩赐、保佑之下，部落才得以兴旺发展。因而印第安人对太阳的崇拜与对太阳神的信仰都渗透了他们的血液与骨髓。

（五）印第安人太阳崇拜与节日习俗

南美洲印第安人对于太阳的崇拜从古至今一直延续，这种对于太阳的崇拜发展演变至今就成了一些固定的节日，如今秘鲁的印第安人于每年的6月24日举行盛大的太阳节，节日期长达九天。在这九天节日里，人们都会载歌载舞进行庆祝，甚至还会有表演者扮演"印加王"和太阳神。

为了赞美太阳神的伟大，表达人们对太阳神的崇敬，以及祈求太阳神的赐福、保佑，美洲印第安人在对太阳崇拜的活动中，创造出了极具特色的太阳舞。在太阳舞仪式进行时，舞会会场中间会树立起一根挂满鸟类羽毛的"太阳柱"和相应的祭坛，狂热的舞者们会围绕着"太阳柱"和祭坛扭动身躯、竞相起舞，但在跳舞的过程中，舞者们的眼睛必须一刻不停地看着天上的太阳。这是对太阳神最崇敬的献舞，很好地体现了美洲印第安人对于太阳的极致崇拜。美洲印第安人还喜好在他们使用的器物上刻画太阳神的图像，以此与太阳神亲近，表达对太阳神的崇拜，求得太阳神对他们的保佑。

南美洲的印第安人还修建了神奇的太阳门，太阳门位于今玻利维亚的蒂亚瓦纳科城，该遗址被誉为"世界考古最伟大发现之一"。该遗址由于风吹雨打而饱经沧桑，主体结构只留下了一道巨石做成的门，由于门楣上刻画有太阳神的形象，因此该门被命名为太阳门。太阳门应该是印第安人古老的宗教圣地，许多印第安人会不远千里赶来朝拜神迹，以此表达对太阳神的崇敬并求得庇佑。据古老的传说，每年9月21日黎明的第一缕曙光总是会准确无误地从门中央映射而出，可以说所有亲眼见到太阳门的人都会对其宏伟壮观的景象叹为观止。

太阳门

（六）印第安人与太阳神鸟崇拜

远古印第安人在对太阳崇拜的同时，也出现了太阳神鸟崇拜。他们对飞翔于北美大草原上空或者南美安第斯山脉的鹰和隼同样感到神秘、敬畏，在他们眼中，鹰、隼象征日月遨游于太空，面对运转不息的神秘太阳和翱翔有力的鹰隼，印第安人很自然地把这些会飞的鸟与太阳联系在一起。

美洲的鸟类主要是候鸟，候鸟冬去春来、南北迁徙、寻求温暖适宜的栖息地，印第安人自然而然地会把这些鸟类与东升西落的太阳联系起来，因为太阳普照大地最温暖，候鸟们因温度而迁徙也就是在追逐太阳，因此印第安人对鸟类充满了异乎寻常的崇拜。尤其是鹰、隼、南美大鹦鹉等大型鸟类，更是象征着太阳，它们能够保佑人们战争胜利、渔猎丰收。对鸟类的崇拜直接反映在印第安人的服饰装扮上，印第安人热衷收集鹰、隼等鸟类羽毛编织成鸟羽冠，戴鸟羽冠能够体现出印第安人的社会地位。同时，鸟羽冠的羽毛围成一圈，形似光芒四射的太阳，宛如一圈光环加于戴冠者的头上。对于头戴羽冠的上层统治者而言，他们的羽冠更象征着至高无上的太阳神赋予他们统治百姓的神圣权力。

在美洲，太阳鹰普遍存在，中美洲的太阳鸟也叫凯察儿鸟。中美洲飞鹰族有种族徽图像呈圆形，外围是象征万道光芒的短线，内部为一只飞鹰。据说：飞鹰族三千年前由天国乘涕竹舟经天之浮桥诸岛，到科潘河畔种豆麦粟，祖先自日出国、日升国、日平旦国，均毁于地震，只有日平旦国十八名月兔王历史得以保存。其象形文字凡是表示天文历法数字的，几乎都离不开鹰和日出、日升、日平旦。

在印第安人进行的太阳舞仪式中，鹰有着重要的地位。因为在印第安人看来，鹰高飞于苍穹能够直接接触到太阳神，因此鹰被看作太阳神的使者，飞翔的雄鹰能够把地上的人类与天上的太阳神联系在一起，雄鹰将印第安人的祈求、心愿直接传递给太阳神，因此印第安人喜爱雄鹰，更崇拜雄鹰。同时，印第安人还认为鹰的战斗力强大，甚至是天空中所有动物的首领，雄鹰所具有的勇猛、力量、迅捷也都被印第安人所崇拜、向往，甚至印第安人还认为鹰的羽毛能够治疗疾病，他们的巫医会用雄鹰羽毛做成的掸子帮助部落成员驱逐病痛。

生活于美洲西北海岸的印第安人对当地的雷鸟非常崇拜，乃至于把雷鸟看作动物中的神灵。他们认为雷鸟只要扇动翅膀，就能带来雷霆霹雳，从而产生神奇的力量，因此他们在图腾、房屋、服饰以及其他许多社会生活的用品上都会刻画雷鸟的图形，最为典型的例子是当地的印第安人创造出的精美绝伦的鸟形面具。凡此种种，都是印第安人希望通过雷鸟进而得到天神的保佑，好求得个人生活的顺利美满以及部落发展的风调雨顺。

在阿兹特克人至关重要的祭神典礼上，献祭人身上也必须覆盖鸟类的羽毛。他们认为，让献祭人吸收羽毛赋予的能量，才能更好地促进献祭太阳神仪式的完成。在阿兹特克人的传说中，勇猛的战士死后会变成蜂鸟，而且是蜂鸟产生出了太阳所散发的热量，将蜂鸟与太阳联系在了一起，因此蜂鸟成为阿兹特克人特别看重的一种鸟类，乃至于蜂鸟的羽毛还会被作为珍贵的贡品进献给阿兹特克的国王。

阿兹特克人的鹰武士享有崇高的荣誉，他们被认为是太阳的子民，拥有无穷的力量。另外，根据广泛流传的传说，阿兹特克人之所以选择到达特斯科科湖定居，乃是受到神明的指示，即当他们看到一只叼着蛇的老鹰停歇在仙人掌上的地方就是理想的定居地，这个神话中的老鹰帮助阿兹特克人找到了美好的家园，俨然是阿兹特克人所崇敬的"太阳神"的化身。

印加人也将太阳崇拜与神鹰崇拜相联系。据传说，印加人的祖先阿亚尔四兄弟和玛玛四姐妹在太阳神的指示下寻找理想的家园，在此过程中，四兄弟中的阿亚尔·卡奇由于能力出众而遭到了陷害，被困在一个狭小的山洞里，无助之下只能祈求神明，而神明则把他变作了一只神鹰，阿亚尔·卡奇才得以摆脱困境从洞穴中飞逃而走。阿亚尔·卡奇本是"太阳之子"，在危难之下又被神明变成了神鹰，可见印加人将太阳的形象赋予雄鹰，对二者都充满崇敬之心。直到今天，墨西哥的国旗和国徽上仍然保留着雄鹰的图案。

公元14世纪左右，西班牙等西方早期殖民势力进入南美洲进行残酷的殖民掠夺，从而激起了南美洲印第安人的激烈反抗。由于印第安人武器落后，他们的反抗屡次被殖民者镇压，但是如同他们所佩服的动物兀鹰一样，南美的印第安人屡挫屡起、不屈不挠。将他们的抵抗精神与顽强的兀鹰联系在一起，将兀鹰看作英勇不屈的印第安人民的象征，秘鲁从而兴起了兀鹰斗牛的"雅瓦尔节"。在这个节日里，勇猛的兀鹰总能战胜蛮牛，从而赢得翱翔天空的自由。兀鹰作为安第斯山脉中的百鸟之王，其勇猛好斗的性格得到了美洲印第安人的普遍崇敬。

太阳鹰丰满的形象、传奇的神话故事充溢于南美各民族悠久的文化之中。崇拜、敬畏、迷茫交错，远古的先民把神秘的太阳寓于更形象化的雄鹰，天与地、人与神的距离不再遥远，从而将人类对大自然的最初认识与理解体现得淋漓尽致。

（七）太阳与月亮的爱情传说

亚马孙河流域的希瓦罗印第安人中间流传着一个关于太阳与月亮相爱的神话：

太阳埃特萨是造物主之子，造物主趁他睡觉时把泥土吹到他身上，泥土变成了一个女人，即月亮南图。太阳埃特萨渴望与她享受夫妻之乐，但月亮南图怕极了，对太阳埃特萨的轻浮举动不予理睬，她趁埃特萨全神贯注往自己身上涂抹颜色以吸引她之机，似离弦之箭般逃走。她也把自己的脸涂上颜色，但她在脸上画了一道道黑色之后，就像美洲豹那样飞快地扑向天空。

太阳埃特萨把两只大鹦鹉和两只长尾小鹦鹉绑在自己的手腕和膝盖上,朝月亮南图飞去。他们俩大吵了一场,太阳埃特萨伤透了心,动手打了月亮南图,这便产生了月食。后来月亮南图又占了上风,于是产生了日食。最后,太阳埃特萨与月亮南图终于结为夫妻。月亮南图怀孕了,身体渐渐隆起,生下了一个儿子,这就是希瓦罗人的先祖——"树懒"。树懒很快就有了一连串的兄弟姐妹。

在阳光下繁衍生息的美洲印第安人,以最原始而虔诚的心灵,向未知的世界坦露纯洁的心声,那是史诗般的语言。

无限的宇宙,神秘的太空,骄傲的太阳,孕育着人类的生命,塑造着人类的灵魂,只有翱翔天际,与太阳最近的雄鹰才是真诚的使者,它向万能的太阳传递人类的虔诚和衷心的祝福。

第四篇

◎ 太阳神鸟的现代文化意蕴与成都城市精神 ◎

一、文化遗产标志：历史文化与现代精神的完美结合

中国是四大文明古国中唯一一个历史文化未曾中断的国家，她历史悠久，文化灿烂，文化遗产十分丰富。但在很长的时期内，人们对于文化遗产的价值和重要性缺乏深刻的认识，在现代化建设的进程中，许多历史文化名城在建设开发的名义下，无论是物质文化遗产，还是非物质文化遗产都遭到令人痛心的破坏。党中央和各级政府采取了若干措施来加以保护，有识之士也在不断奔走呼号。21世纪以来，各级党委和政府采取了若干有力的措施，加强对优秀传统文化的保护传承逐渐成为社会共识，越来越多的人形成文化自觉，加入保护文化遗产的行列。2005年，国家文物局决定面向海内外，举办"中国文物保护标志征集大赛"，确立中国文物保护事业的第一个标志。这是新中国建立以来第一个用于文物保护的标志。国家文物局对标志设计提出了如下要求：

（1）标志应主题鲜明，形象生动地体现中国五千年文明的深厚底蕴及中国文物作为世界文化遗产的重要组成部分在人类文明发展史中的重要作用，突出"保护为主、抢救第一、合理利用、加强管理"的文物工作方针，强调保护文物对人类的重要意义。

（2）标志设计应紧扣主题，构思深刻巧妙，内涵丰富，形象简洁，个性鲜明，富有极强的艺术感染力和时代气息。

（3）标志应具强烈的可辨性，便于放大缩小，可应用于各类印刷品、建筑物外观等。

（4）提交作品应为作者的原创作品。

此消息公布后，立即在海内外引起了巨大的轰动，也拨动了各省文物工作者、艺术家们的心弦，让他们激动不已。于是，中国各省市相关部门以及世界各国的文物专家、艺术家们都纷纷选送了许多作品前往参选，其中有艺术家们精心创作的图案,也有具体的文物图样,所有的候选者都极具实力,他们的作品都饱含深厚的文化和历史底蕴,而且每一样参选作品都有一大批热情的追随者和支持者。

在各种参选作品中最具竞争力的不是今人创作的作品,而是成都金沙遗址出土的太阳神鸟图案。相关专家在推荐信中写道:

> 我们认为2001年出土于成都金沙遗址的太阳神鸟(四鸟绕日)金饰比较适合作为中国文物保护标志图案。该金饰外廓呈圆形,图案可分为内外两层,均采用透空的方式来表现。中心的透空图案好似一个顺时针旋转的旋涡,外围对称排列着四只相同的逆向飞行的神鸟,如果将该金饰放在红色的衬底上观看,我们不难发现,它的内层旋涡形图案很像一个旋转的火球或太阳,环绕太阳飞翔的红色火鸟呈现出强烈的动感。太阳神鸟(四鸟绕日)金饰寓意深远、构图严谨、抽象程度高、具有强烈的艺术感染力,很适宜于作为中国文物的标志性图案。其理由有三:
>
> 一、对太阳的崇拜是世界上许多民族所共有的。但将太阳与鸟联系在一起是中华民族独特而久远的传统思想,从河姆渡遗址的双鸟托日牙雕到汉代画像的双凤衔日(或衔璧、衔钱),从东南江浙地区的鸟纹玉璧到华南地区铜鼓的鼓面装饰,无不显示出中华民族独特的精神世界。在中国远古神话传说中,太阳鸟也就是阳鸟和凤凰,凤凰的"凰"字(即"皇"字)正像太阳鸟的形状,被赋予了美丽辉煌和崇高无上的含义。东方民族的鸟生传说,凤鸣岐山的受命传说,乃至于三皇、五帝和秦汉以后最高统治者的称号,都与太阳和凤凰有着密切的关系。金沙遗址作为古蜀国的都邑,其文化秉承夏商,其出土文物包括太阳神鸟(四鸟绕日)金饰无不散发出中华五千年悠久历史文明的独特魅力。金沙遗址出土的太阳神鸟(四鸟绕日)金饰,能够反映中华文化的精神实质。
>
> 二、在中国出土的众多太阳图案当中,金沙遗址出土的太阳神鸟图案最为独特和完美,除此之外,别无二件,而且它一经出土就轰动了国内外,影响较大,其独特完美的造型引起了所有参观金沙遗址的国内外人士的注意。因此它具备了独特性与标识性的条件。
>
> 三、金沙太阳神鸟图案图案设计独特,形式优美,其构图具有极佳的徽识特征,适合作标志使用,是一件不用重新设计的标志性文物。

正是金沙遗址出土的太阳神鸟（四鸟绕日）金饰表达的远古中国先民追求光明、团结奋进、和谐包容的精神意义，激发人们保护祖国珍贵遗产的强烈责任心。因而对今人来说，具有特别的冲击力。另外，相比其他一些省区，四川省和成都市的文物部门在太阳神鸟（四鸟绕日）金饰出土后立即进行了图案设计和图案注册，很好地保证了该图案的使用权益，这是十分难得的。正是因为如此，国家文物局的专家经过严格的、科学的评审，经反复论证，终于决定采用"太阳神鸟"图案作为中国文化遗产标志。

金沙太阳神鸟缘何能从众多出色的候选标志中脱颖而出，成为中国文化遗产标志，成为中国文物界最闪亮的明星？这令无数人浮想联翩的精灵之物独具韵味的"魅力"已辐射到了神州大地的每一个角落，其他太阳图腾的古物在它面前都显得暗淡无光。因为它身上写满中华传统文化的符号，它阐释华夏文明的精髓，它是中华儿女的文化精灵。中国文化遗产的代言者，非它莫属。

在悠远的岁月里，太阳的经历神秘莫测，在宇宙，它远不可及，亿万年来都蒙着捉摸不透的神秘面纱。暮色乍降或是晨曦微露，太阳都在人类心中唤起无声的怡人的情思，人类崇拜太阳，热爱太阳，希望与太阳搭起一座爱的桥梁。在人类的眼里，飞翔的鸟是最接近太阳的精灵，它就是太阳的使者。聪慧的古蜀先民

很早就意识到了这一点，"四鸟绕日"的神话由此而产生，他们把对太阳的向往寄托在对神鸟金箔的点点雕琢之中，这一传世的艺术瑰宝才得以流传至今。任随光阴世事变迁，忠贞的信仰却亘古不变。埋藏地底的太阳神鸟金饰见证沧海桑田。崇鸟和崇拜太阳，不仅是古蜀人精神世界中的主题观念，而且是古蜀各部族的共同信仰。金沙遗址太阳神鸟金饰和青铜三鸟纹有领璧形器都通过绝妙的图像纹饰，生动地呈现了古蜀时代崇鸟和太阳崇拜的精神观念，堪称太阳神鸟的千古绝唱。

成都金沙遗址出土的太阳神鸟金饰，是目前为止中国出土的古代有关太阳崇拜文物中图案最为精美的一件，而且文化内涵丰富。正是由于如此，太阳神鸟才会征服众多专家，被选取为"中国文化遗产标志"。2005年8月16日，以成都金沙遗址出土的商周时期古蜀王国太阳神鸟金饰为基础设计的图

案从 1600 余件候选图案中脱颖而出，成为中国文化遗产标志，同时也是成都城市标志的核心图案。

据国家文物局办公室主任彭常新介绍，由国内著名专家联名推荐的这一金饰图案构图严谨、线条流畅、极富美感，是古代人民"天人合一"的哲学思想、丰富的想象力、非凡的艺术创造力和精湛的工艺水平的完美结合。结合公示期间收集到的社会公众建议，国家文物局最终确定中国文化遗产标志上方采用简体中文"中国文化遗产"；下方采用汉语拼音"ZHONG GUO WEN HUA YI CHAN"，各民族自治地方可使用当地少数民族文字，在对外交往工作中可使用英文"CHINA CULTURAL HERITAGE"或其他国家文字。标志的标准色彩为金色，也可根据不同需要使用其他颜色。标志核心位置的金饰文物图案，除配合文字使用外也可单独使用。太阳神鸟图案简洁却极富美感，正如著名的考古学家、文物专家宿白所说，任何一种标识，越简单越抽象，含义越丰富，就越容易被接受。

古蜀太阳神鸟金饰图案是中华先民崇拜太阳的艺术表现形式的杰出代表作之一，所表达的追求光明、团结奋进、和谐包容的精神寓意，彰显了中国政府和人民保护祖国文化遗产的强烈责任心和神圣使命感。中国政府以此作为中国文化遗产的标志，体现了中华民族传统文化强烈的凝聚力和向心力，表现了中华民族自强不息、昂扬向上的精神风貌。

二、太阳神鸟：美的化身

太阳神鸟不负众望，折桂归来，当所有的喝彩与喧嚣平静下来的时候，当所有的人开始把喜形于色的兴奋深埋心底的时候，人们才可以用一种更加理性和更加深刻的眼光来仔细欣赏这个耀眼的"明星"。太阳神鸟昂扬向上，团结一致，努力拼搏，展开翅膀奋力向着太阳飞翔，整个构图简洁、欢快，充满了力量、动感和感人至深的魅力，太阳神鸟金饰图案可以说是美的化身，集多种美于一体。美在人的心中，美需要认真去发现。

1. 智慧之美

太阳神鸟不仅是难得的中华民族的艺术瑰宝，而且它的设计者还把自然科学规律的元素渗入工艺品之中，堪称科学与艺术的完美结合体，体现了我们的先民高度发达的智慧。太阳神鸟金饰图案中刻下的十二条旋转般的金轮尖角与循环飞翔的四只鸟代表的是什么意思呢？如果说图案中心的圆形，恰似太阳的形状，体现了中国古老文化由来已久对太阳崇拜的传统的

话，那么十二条旋转般的金轮尖角就是十二道太阳光芒。那为什么太阳神鸟金饰图案的太阳光芒不是十道或十三道，或者更多更少，而恰好是十二道呢？有专家认为这有深刻的文化含义和象征意义，那就是十二道光芒代表了一年的十二个月。而循环飞翔的四只神鸟则表达了先民们对空间的认识和意图，表示着太阳神鸟是沿着东、南、西、北四面循环飞翔，圆形旋转意味着周而复始，太阳每天都是从东边升起，至西边落下，日日如此、月月如此、

年年如此。太阳神鸟图案所体现的先民对自然规律的深刻认识,正是他们高度智慧的再现。有专家认为:太阳神鸟图案构图凝练,是古蜀人丰富的哲学思想、宗教思想,非凡的艺术创造力与想象力和精湛工艺水平的完美结合,也是古蜀国黄金工艺辉煌成就的代表。① 故宫博物院古器物部副主任、金石组组长丁孟在《国家人文历史》中指出:"它反映了人类早期朴素的世界观和宇宙观。阳光是生命的源泉,因此成为人们最早崇拜的神;中华先民把太阳和在天空中飞翔的神鸟联系在一起,认为是神鸟在驮着太阳飞行。太阳神鸟是古蜀人早期部落的图腾,'神鸟绕日'表达了中华先民向往太阳、崇尚光明的飞天梦想。"②

2. 动感之美

太阳神鸟图案线条简练流畅,极富韵律,充满强烈的动感,富有极强的象征意义和极大的想象空间。在力与柔之间,引颈伸腿、作势欲飞的鸟,很有力度感,却因为旋涡状的太阳动感太强,不展翅的飞鸟反而变成被动地、温柔地滑翔;缩与张之间,张力十足的飞鸟因为翅膀的收缩而下降,锋芒毕露的太阳由于弯成弧形而掩藏等。尤其是两者运动方向相反,这本身就是一种独创的、艺术的、完美的表现手法,也与现代运动力学相符合。③

太阳神鸟图案中心如一轮火红的太阳,向四周喷射出十二道光芒,呈现出强烈的动感,象征着光明、生命和永恒。就像我们伟大的民族,几千年来一代代繁衍生息,却始终保持着顽强的生命力和与生俱来的无穷活力,正是由于这种身体的活力和思维的动感,中华民族才能成为曾经十分辉煌的四大文明古国中唯一幸存至今且仍富有生命力的伟大民族。

一个充满勃勃生机的民族,是不甘于寂寞与平淡的,始终处于动态中的民族最有希望。太阳神鸟金饰埋藏在金沙几千年,也许早已把这种好动的天性融入了成都人的血脉,从而使我们这座城市传承了这种永不落后的精神。成都,这座中国历史最悠久的文化城市之一,也是当今中国最具有活力、最具有创新性的城市之一,这座日看日新的城市,每一个角落都跳跃着动感的音符。

---

① 《商周太阳神鸟金饰》,https://baike.baidu.com/item/商周太阳神鸟金饰/4390795?fr=aladdin。
② 丁孟:《太阳神鸟金饰:三千年前的飞天梦》,人民网,2013年1月3日。
③ 《商周太阳神鸟金饰》,https://baike.baidu.com/item/商周太阳神鸟金饰/4390795?fr=aladdin。

3. 和谐之美

太阳神鸟整体完美的圆形图案寓意着和谐包容，体现了古代中国人"天人合一"的哲学思想。"天人合一"是我国古代贤哲们提出的一种宇宙观和哲学思想，它至少应包含"人，是自然的一部分，人类应尊重自然，与自然万物和谐"等基本意思。人类应该平等地对待自然界的一切（包括弱小的生物种群），与之处于一种完美和谐状态，这才是人间正道。因而，"天人合一"思想体现的是一种大智慧、一种永恒的自然法则。"圣人立象以尽意"，古蜀人对神灵的崇拜直接物化于造型艺术形象上，以达到内在"意蕴"与外在"物象"的契合。有研究者认为："在萨满教，萨满的灵魂被喻为火，其光线能划破黑暗，万物在这火光中无所保留。萨满凭借这阳光般金色的火焰保持神力，增强威力，萨满的整个灵魂能散发出金黄的阳光，也就是他拥有太阳的孕育万物的特性，所以萨满在人们心目中是太阳神的化身。古蜀人运用智慧，用黄金锤炼出金色般闪耀的太阳，以金黄色的光线孕育万物生命。"[①]

我国著名美学家王朝闻老先生认为：艺术审美的最高境界是天人合一。其有两方面的含义：一为表现形式和物化手段的因势利导与自然天成；二是在审美的心境共鸣过程中，进入了忘却自我、与宇宙自然浑然一体的绝妙境界。我们在端详"神鸟"的时候，是否早已发现自己不只是在欣赏一件精美的艺术品，而是正在透过它回顾先民们的生活方式和精神状态呢？历史演绎到今天，就变成了人与自然的和谐，变成了对大自然、对生态环境的珍惜和保护。

4. 传承之美

金沙太阳神鸟是中华先民崇拜太阳艺术表现形式的杰出代表之作，以它作为中国文化遗产的标志，体现了我们中华民族传统文化强烈的凝聚力和向心力，表现了中华民族自强不息、昂扬向上的精神风貌。

周文王姬昌在《周易》中写道："天行健，君子以自强不息。"意思就是宇宙不停运转，君子处事，也应像天一样，自我力求进步，刚毅坚卓，发

---

① 张鹰：《蜀地文化中太阳崇拜的审美思想——以三星堆和金沙为例》，西南大学硕士论文，2015年，第21页。

奋图强，不可懒惰成性，应效法天地，永远不断地前进。自强不息揭示了中华民族生存发展的重要精神动力来源，几千年来中华民族生存发展的主要动力正是来自对民族自立、自尊、自强的强烈渴望，来自对至善理想和人生价值的执着追求。就民族、国家的发展而言，在民族兴旺发达、繁荣向上时期，人们总是怀着建功立业的豪情壮志；在外敌入侵、民族危亡的关头，自强不息的精神则激励人们顽强地反对侵略。就个体的人生价值而言，自强不息表现为仁人志士在强暴面前坚持正义，宁死不屈；在人生遭遇挫折时则奋发图强，为理想不懈奋斗。中华各民族正是拥有这份执着与坚持，加上广纳博取、热爱生活、不甘落后、善于创新的可贵品质，才能在几千年的历史发展中，在广阔的土地上，以顽强的精神辛勤劳动，在祖国大花园中开出绚烂夺目的奇葩。

几千年来，深埋地底的太阳神鸟金饰也"从未放弃"过重见天日的希望，中华民族的这种坚贞的气节，通过优秀文化的代代流传而成为民族的精神。当太阳神鸟再现，成为中国的文化遗产标志时，我们被这种摄人心魄的传承之美深深感动，太阳神鸟用自己的坚持，诠释了中华民族的坚韧与奋进！

5. 团结之美

太阳神鸟展现了一种团结协作精神，十二道光芒的圆形围合本来就象征着团结，四只神鸟环绕太阳飞翔，有序而统一，更是体现了团结精神、协作精神。

团结、协作历来是中华民族的优秀传统之一，不仅注重内部团结，而且也重视外部协作。早在先秦时期，有思想家就提出了"亲仁善邻，国之宝也"的思想，反映了中华先民希望天下太平、同其他民族友好相处的愿望，表现出天下一家、与人为善的博大情怀。这种追求和平的风范，表明了中华民族对民族、国家利益的独特态度，即民族、国家整体利益的获得和维护只能建立在各兄弟民族之间的携手共进和各民族之间和睦相处的基础上，主张以道德为教化之本，以治理好自己的家园为前提，并在此基础上感化其他民族和国家，以达到"协和万邦"。这种态度使中华民族人家庭里的各兄弟民族始终保持着持久的亲和力、感召力。

太阳神鸟所代表的团结精神在今天被赋予浓厚的时代特色，当今中国所取得的辉煌成就正是各民族各地区人民大团结的结晶。民族生命不息，团结精神不止。

6. 徽识之美

太阳神鸟图案构图严谨、线条流畅、极富美感，造型精炼、简洁，具有很好的徽识特征，具有唯一性、标识性，其代表性和标志性浑然天成，自然雕琢，多一分则太繁，少一分则太简。美丽的鸟儿是为中国文化遗产代言而诞生！

在成都，太阳神鸟的标识随处可见。它"飞上"了成都南站斜拉桥主塔，"光耀千年"守护成都南大门；再印在飞机上，飞上蓝天，俯瞰新成都的繁华与壮美。太阳神鸟飞出了成都，成为成都文化的重要徽识，成都城市标志的核心图案。太阳神鸟因成都而扬名，成都因它而骄傲。

7. 保护之美

太阳神鸟金饰于2001年在成都金沙遗址出土，是21世纪我国考古的重大发现，体现了中国文物保护工作的成果。成都文物部门在其出土后立即进行了图案注册，很好地保护了该图案的使用权限，这种对文物的保护意识实在难能可贵。

太阳神鸟的奇遇也体现了中华民族文化资源意识的觉醒。文化资源是一个城市的无形资产，丰厚的历史文化资源为文化、经济的良性互动提供了优秀的链接载体。我们要将它成功地进行打造，让它成为成都这座城市的耀眼的名片。

如今，太阳神鸟金饰图案成为中国文化遗产标志，体现了中华民族对历史文化遗产的保护传承以及创新创造的决心和信心。

三、太阳神鸟精神：成都城市精神的神与形

（一）城市与城市精神

城市精神是城市文化的内核，是城市发展的内在精神动力。城市精神是一个城市理念的集中体现，是一个城市的品格，一个城市的灵魂，一个城市的名片。它对外产生影响力，对内产生凝聚力，从而焕发出建设城市美好未来的原动力。

城市精神在城市发展变迁中起着十分重要的作用：

一是导向作用，城市精神能有效地引领市民更新观念、规范行为，在日常的工作、学习、生活中自觉促进城市发展。

二是凝聚人心作用，城市精神能增强市民的集体感、归属感，形成强大的合力，共创文明城市。

三是驱动力作用，务实求真的城市精神能把特定城市不同素质、不同觉悟层次的市民感奋、驱动起来，为实现共同目标而奋斗。

同时，城市精神还将在激励、塑造、提高、示范、协调等方面起到重要作用。因而，培育和塑造城市精神，是城市文明建设的一个核心内容，具有非常重要的意义。一个城市若要获得长远而持久的大发展，必须致力于提升市民人文素质，塑造城市精神。

成都是一座有着悠久历史的文化名城，也是中国西南地区特大中心城市，在悠久的城市文明发展进程中，逐步形成了独具特色的城市文化和内在精神气质。随着改革开放和西部大开发战略的实施，成都迎来了新的发展契机。加强精神文明建设，培育和弘扬与时代同步的成都城市精神，对于增强

市民的集体感、归属感，形成强大合力将起到重要的作用。培育与时俱进的现代城市精神也是时代需要，恰当的城市精神能够对城市及其市民起到良性的引导作用，新时期的成都需要建立体现其历史性、时代性与导向性相统一的城市精神。

成都是一座有着4500多年城市文明历史的文化名城，璀璨的巴蜀文明是中华民族的重要文化瑰宝。同时，巴蜀文明和天府文化是成都城市精神的文化土壤，成都城市精神只有在传承和发扬巴蜀文明，发展天府文化的基础上才能真正体现出"天府之国"的历史特色。

首先，城市精神是城市之魂，是城市文化的重要组成部分，集中反映着市民的整体素质，透视着市民的精神风貌，以及城市的文化底蕴和城市形象。是从实践到理性的高度升华，是对市民的理想、信念、价值取向等多个方面的概括和凝练，具有凝聚人心、统领行动、唤起斗志、催人奋进等其他任何东西都无可替代的作用。

其次，城市精神涵盖城市社会、经济、文化，是历史的、长期的积淀。城市精神与民族精神、国家精神有着密不可分的联系，它是民族精神的重要组成部分，体现着民族精神的核心。但城市精神在一定程度上有相对独立性，具有自身的历史文化特性和地域特性，反映一方水土养一方人的特色精神气质。

再次，城市精神是当代人为实现既定目标而为之奋斗的一种信念。从某种意义上说，并不是从它确定了明确的定义以后才开始的，而是在此之前的较长一个时期里，人们就已经在自觉和不自觉地实践着了，只是需要在不同的历史时期反映不同的时代特征，因而当下构建具有社会主义新时代性的成都城市精神，需要长期地、不间断地对历史文化和现代文化挖掘、概括、规范、提升。城市精神既是对人们在某一特定时期社会实践的一种高度概括，又是坚持不懈、努力奋斗的一种信念与追求。

成都的城市精神就是成都人应该表现出来的主导性总体精神风貌，是成都城市活力、生命力和凝聚力的集中和统一，既是成都城市发展的精神动力，也是成都城市灵魂、城市品格和城市风貌的综合体现。具体表现为成都这座城市的理想追求、价值取向、思维方式、生活态度、思想情感、社会心理以及广大市民对成都的认同感、归属感和自豪感等方面。

成都城市精神的构建主要展现以下三个方面的内容。

1. 历史神韵

璀璨的巴蜀文明是中华民族的重要文化瑰宝，同时，巴蜀文明也是成都城市精神根植的土壤，成都城市精神只有传承和发扬巴蜀文明才能真正地体现出"天府之国"的历史特色。城市精神是城市历史文化的结晶，成都在历史演进过程中所积淀的城市精神、所突显的城市职能和所形成的历史地位，对城市发展具有不可忽视的历史作用。因而我们需要回顾城市历史的演进过程，了解这个城市在长期发展中所积淀的传统习俗、文明风气，分析这些历史因素哪些是积极的，哪些是消极的，哪些是值得继承和发扬的，哪些是需要摈弃的，才能更好地培育和发扬现代城市精神。就成都而言，几千年来形成的自强不息、开拓创新、和谐包容、开放进取、踏实肯干、勤俭朴素等优良品质就是应该传承发扬的优秀品质。

2. 时代特性

一个现代城市的精神，除了体现历史性之外，更重要的是反映时代特色，因为我们的一切工作、生活都是立足于当下，要对内形成聚集力，凝聚人心，使全体城市居民共同奋发，建设美好家园；对外塑造形象，提升城市居民的人文素质，提高城市基础现代化建设，改善城市生态环境，使城市形象得到提升。成都城市精神所包含的时代性，主要体现在以下四个方面：

一是现代城市文明的高度发展。文明是人类所创造的物质财富和精神财富之和，它是人类社会及其文化发展到一定阶段的产物，物质文明、精神文明、制度文明和生态文明构成了人类文明的主要内容。人类文明的进步，总是表现为四大文明的协同发展。在社会文明的整体系统中，物质文明、精神文明、制度文明和生态文明相互区别、相互联系、互为条件、互相影响，缺一不可，共同推动着人类文明的发展和进步。当今社会除了要重视物质文明建设和文化、道德层面的精神文明建设之外，还必须重视制度文明建设和生态文明建设。世界各国社会现代化的经验表明，制度文明是一种重要的文明，制度文明根据时代或社会的不同，具有不同的表现形式。现代社会以民主为制度文明的核心内容，社会主义国家政治文明的内核就是社会主义民主，"社会主义政治文明"这一概念是中国共产党在21世纪初才提出的一个新概念，它是人民意愿和人民民主的重要体现。生态文明是人类文明在工业文明之后的一个新的文明发展。中国共产党第十八次代表大会首次将生态文

明建设纳入国家战略，并从人与自然和谐的角度提出：生态文明是人类遵循人、自然、社会和谐发展这一客观规律而取得的物质与精神成果的总和，是以人与自然、人与人、人与社会和谐共生、良性循环、全面发展、持续繁荣为基本宗旨的社会形态。

所以在新世纪成都城市精神建设中，必须体现出物质文明、精神文明、制度文明和生态文明的基本内涵。加强物质文明的建设，加强城市的基础设施的建设，提高人民的物质生活水平；加大精神文明的建设，弘扬中华民族的优良传统和优秀品格，丰富人民的精神文化生活；强化社会主义化制度文明，发扬社会主义民主政治；着力建设人与自然、人与人、人与社会和谐共生、良性循环、全面发展、持续繁荣的文化伦理形态，将生态文明作为社会主义文明建设的生态基础。

在社会主义新时代，每一个成都市民，都应以大度包容的胸怀去面向世界，面向未来，人人都应讲文明，弘扬社会主义核心价值观，弘扬中华民族的优秀文化，弘扬成都优秀文化，传承成都人诚实守信、热情好客，尊老爱幼、邻里团结，乐善好施、济贫救弱，见义勇为、扶正祛邪，讲究卫生、保护环境等各种优良品质。同时，作为一个成都人，对成都的现在和未来应充满自信，要在新一轮改革开放中进一步实现思想大解放，观念大转变，推动城市大发展。成都作为国家中心城市不仅在国内欲与一线城市试比高，更要有全球视野，要以建设世界文化名城作为新的发展目标。成都有条件，也有能力实现建设世界文化名城的新目标。太阳神鸟所昭示的几千年来成都人所具有的昂扬向上的斗志和永不言败的精神，正是这种文化自信的底气所在和力量源泉。

二是创新精神。古往今来，大凡一个先进的国家、先进的民族、先进的城市，无不十分重视创新。创新是一个民族进步的灵魂，只有不断创新才能不断进步和发展。在成都人的骨子里，在看似慵懒的生活方式中实际上蕴藏着成都人的创新思维和创新精神。我们对成都不同年龄结构和各种职业的群体就成都城市精神是否应该充分体现创新精神的内容进行调查时，几乎百分之百的人都予以肯定的答复。

三是责任意识。新时代成都城市精神，就是要在广大市民心中培养起一种责任意识。许多被调查者认为，社会公正、市场公正、诚实信用、权利与义务相一致应该是新时代成都城市精神的核心价值取向。为此，成都城市精神的构建必须突出新时代的使命感和责任意识,逐步树立起现代国民的责任伦理观念,培育市民对成都城市的责任感,以建设成都为骄傲,以生活在成都为光荣,以作为一个成都人而自豪。只有有了时代的责任感和历史的使命感,才能激发出人民群众的创造力,才能使成都的未来更加美好。

四是以人为本的人文精神。城市是以人为主体,而不是以物为主体,因而城市精神归根到底是人的主体精神。城市是人类文明的产物,人才是城市的主体,城市精神应当体现"以人为本"的人文精神。为此我们必须以社会主义核心价值观的培育为基础,以社会主义生态文明的建设为引领,以人与自然的和谐、人与人的和谐为方向,从劳动生活方式、消费生活方式、精神生活方式维度来提炼城市精神,从政治生活方式、文化生活方式、宗教生活方式维度来塑造城市精神,从体制、机制上落实城市精神。新的发展观的本质和核心就是以人为本,我们也应该把这一重要的理论观点融入成都城市精神。成都城市精神的承载者是成都人,成都人的意识行为是成都城市精神的重要体现。只有做到了"以人为本",才能真正领悟到成都城市精神的核心,也才能对成都人精神境界的提升起到良好促进作用。

3. 现实指引

一是培育和弘扬社会主义新时代成都城市精神,增强成都的城市凝聚力,是适应社会主义新时代发展的迫切需要。当前国际政治经济环境复杂,高新技术发展迅猛,周边国家竞争激烈;国内沿海地区发展迅速,西部开发步伐逐渐加大。成都要在新一轮科技革命的浪潮中有更大的作为,必须不断增强城市综合实力,以坚实的物质基础和崭新的精神风貌跨入社会主义新时代,要实现这一目标,特别需要具有高凝聚力的城市精神支撑。

二是培育和弘扬社会主义新时代成都城市精神,增强成都的城市凝聚力,是当前"致富思源,富而思进,富而思强"的时代需要。当下,中国正从富起来向强起来过渡,弘扬成都城市精神的目的就在于把全市人民的热情、智慧和力量最大限度地发挥出来,站在新的起点,进行新的奋斗,创造新的伟业。

三是培育和弘扬社会主义新时代成都城市精神,增强成都城市凝聚力,是经营、治理城市的内在要求。城市是人民的城市,是人民共有的资产,经营、治理好城市,不仅是政府的责任,也离不开全体市民的关心、支持、奉献和牺牲。如果没有这样一种热爱城市的情怀，没有全体居民的共同参与，没有城市的凝聚力，城市的发展就缺乏动力之源。因此，要"让城市增值"，就需要进一步振奋城市精神，增强城市凝聚力。

四是培育和弘扬社会主义新时代成都城市精神，是成都建设世界文化名城和塑造成都城市形象的重点。对一个城市来说，建筑和基础设施是城市的形，而文化则是城市的魂。对一个完善的社会形态来说，不仅应有一流的建筑和基础设施，而且还要有与之相称的文化。这种城市文化就是城市形象的内涵。成都建设世界文化名城能否成功关键取决于城市的文化底蕴。一个不重视文化和没有文化底蕴的城市是没有前途的城市，是没有希望的城市。成都要建设世界文化名城和塑造新时代城市形象，就要通过培育和弘扬新时代城市精神，来增强城市凝聚力，来不断提升成都城市气质，不断丰富城市文化底蕴。

因此，如何利用"成都城市精神"这一特殊的文化资源去引导成都的每个市民走向自我的完善，从而促进成都的积极发展，是当下的一个重要任务。

新中国成立以来，中国经历了站起来、富起来和强起来三个发展阶段。中国进入社会主义建设新时代，距离中华民族复兴的目标越来越近。在新时代，中国更加开放，每一个中国人都应以更大度包容的胸怀去面向世界，面向未来，人人都应讲文明，在传承优秀历史文化的基础上形成具有新时代特征的品德。

成都天府广场　太阳神鸟花卉景观

同时，作为现代人，我们应对成都的现在和未来充满自信，成都要在新一轮思想大解放、观念大转变、城市大发展中，与天津、广州、重庆等国内知名城市试比高，进而提升城市的现代化水平。只有自信，才能在建设成都、发展成都的进程中，永远保持一种昂扬向上的斗志和永不言败的精神，但这种文化自信不是凭空生造出来的，而是扎根于成都深厚的历史文化底蕴，体现在新时代的文化创新创造之中。

新时代成都城市精神就是太阳神鸟精神。太阳象征着光明，而神鸟则是吉祥与和平的象征，是自由的化身，伟大的太阳神与吉祥神鸟的结合，不仅反映出远古时期成都人从蒙昧走向文明，从封闭的盆地走向大千世界，追求光明、渴望自由的锲而不舍的奋斗精神，而且也代表了现代成都人的创新创造、奋发向上的精神。太阳神鸟不仅是早期蜀人图腾文化的一个标志，而且代表了人类早期朴素的人文精神，即以光明、公正、民主、自由为内核的人文精神。这种人文精神在人类文明初期就已经形成了价值内核，而在当今新时代则更是一种深入人心的社会观念。铭刻和闪烁着人文主义光辉理想的太阳神鸟金饰在地下沉睡了数千年后，于21世纪的第一年里惊现人间，绝不是一次偶然，它昭示着新时代中华民族伟大复兴进入一个新的时期。这既是远古祖先留给我们的一笔宝贵精神文化财富，也是新时代的馈赠，我们应该倍加珍惜。今天的成都人，应该把太阳神鸟精神，继承下来，发扬光大。

（二）太阳神鸟是一曲献给太阳与自由的颂歌，投射出成都深厚的历史神韵

太阳神鸟金饰是金沙古蜀遗址出土的文物，距今有3000多年的历史，是古蜀文明的一件瑰宝。在古代农耕文化中人们崇拜水、土和太阳神鸟，中国首创农耕的南方民族把三者都称之为 nuo（音洛，汉译水为"澜"，土为"陆"，太阳神鸟为"雒""鸾"），由于南方农耕民族的语言为黏着语，nuo 的读音介乎洛、兰、勒、拿等音之间。这一古称，不仅影响了东亚地区的农耕文化，也影响了印度、埃及和欧美大陆，如印度的河流就有勒巴达、亚玛拿、哥格拿等，地名有咪洛特、苏洛特、安巴拿、巴特拿等，印度称太阳神为咪陀洛，称神鸟为迦娄洛；埃及称太阳神与神鹰为"奈"；中美洲土著称创世神为陀洛亚，称水田为"洛"。由此我们可以看出太阳神鸟在古人心目中的崇高地位和影响力，是古人崇拜的图腾，透射出了深厚的历史神韵。

成都作为中国特大城市中历史最悠久的文化名城，有着4500多年城市文明史，是长江上游地区文化的中心发源地，孕育了丰富多彩的历史文化。因此，只有蕴含着深刻的历史神韵的成都城市精神，才能完整地体现出成都的历史文化特征。太阳神鸟这样一件精美的古代珍宝，无论是形体和还是神魂都体现了历史的璀璨之美。太阳就是光明，是力量和活力的象征，神鸟则是一种吉祥鸟，是我国古代传说中的凤凰，有百鸟之王的美称。《史记》记

载:"四海之内,咸戴帝舜之功。于是禹乃兴九招之乐,致异物,凤皇来翔。"① 相传凤凰可以上击九天,现则天下安宁,飞则禽鸟随之,俗称百鸟朝凤,凤凰就是幸福的象征,就是善良与太平。太阳神鸟作为成都城市精神的象征,具有独特性、唯一性和可识别性,这是其他任何城市标志都无法取代的。太阳神鸟贴切地体现出成都城市的精神内涵。

1. 太阳神鸟体现了几千年来成都人"开拓创新,自强坚毅"的精神

太阳神鸟金饰上四只神鸟,围绕着太阳展翅飞翔。凤凰涅槃,浴火重生。而这一点也恰如其分地体现出了几千年来成都人开拓创新、自强坚毅的奋斗精神。

成都是座历史文化名城,几千年来历经风雨兴衰,发展曲折复杂,波澜起伏,既有辉煌和繁荣,又曾多次遭到破坏,甚至遭受了两次毁灭性的破坏。但成都始终保持城址不变,城名不改,有着极强的生命活力。每次在破坏之后,都能很快得到恢复,始终保持区域性政治、经济、文化中心的地位。这是成都城市一个十分重要的特点,在全国的大城市中是绝无仅有的。这不仅体现了成都城市顽强的生命力,也展示了成都人民不畏艰难困苦、自强不息、奋发图强、开拓创新的精神。

成都城市发展史也就是一部艰苦创业史。早在距今数万年的旧石器时期,成都地区就有群居的原始人在这里劳动、生息、繁衍。考古工作者在成都已发现多处旧石器时期的遗址,至于经科学发掘的新石器时期到春秋战国时期的遗址更是多达数十处,著名的有广汉三星堆遗址、成都方池街遗址、岷山饭店遗址、十二桥遗址、指挥街遗址、抚琴小区遗址等。这些遗址的科学发掘为我们展现了从原始社会末期至春秋战国时期成都地区人类活动的历史过程,从这些考古资料并结合文献资料来看,可以证明至迟在 4500 多年前我们的先人就开始在成都平原过着密集的定居生活,并利用成都平原土地肥沃、气候温和湿润、水源充足等有利条件来从事农业生产。商周时期成都的手工业就比较发达,形成了铸铜业、制陶业、玉石加工业、酿酒业、漆器业等若干手工业生产部门,各部门内部又分成了若干专业,有的甚至在工序上也有了分工并形成了专门技术,三星堆和金沙出土的青铜器、金器的制作

---

① 司马迁:《史记》卷一《五帝本纪》,中华书局 1959 年版,第 43 页。

技术达到当时的世界一流水平。

金沙歌舞剧　剧照一

远古成都人的创业精神还集中表现在大规模治水方面。成都平原是一个冲积平原,在远古时期经常发生水患,洪水横流,沼泽遍地,给人类的生存带来了极大的威胁。为了生存与发展,一代又一代的成都先民不懈地与洪水做斗争。据文献记载,中华民族的治水英雄大禹就出生在岷山,《史记》载:"禹生西羌。"岷江流域的羌族先民根据祖先的传说,历经多代创作而编写了一首歌颂大禹的史诗《颂神禹》(汉语翻译后为700行叙事长诗),该诗记载了大禹治水和建立国家的丰功伟绩。成都平原的开发史就是一部与洪水做斗争的历史,就是一部化水害为水利的历史,古蜀人的领袖杜宇、鳖灵先后领导蜀人治水,取得了很大的成就,而秦并蜀地以后,蜀太守李冰更是在前人的基础上集思广益,带领成都人引水导河,兴修了举世无双的伟大水利工程——都江堰及成都平原系列水利灌溉工程,疏通了岷江水流,并把湔堰所分内江两大支流郫江、检江引导到成都城下,"穿二江(检江、郫江)成都之中,此渠皆可行舟,有余则用溉浸,百姓飨其利。"①"穿二江"改变了古代成都城市的水资源文化状况,为这座城市的长期发展创造了条件。水是生命的源泉,任何一个大的城市都必须靠近水源丰富的江河,世界上多数大城市都建立在江河湖泊之旁。水文条件不仅是城市选址的重要条件,而且也是

① 司马迁:《史记》卷二十九《河渠书》,中华书局1959年版,第1407页。

城市赖以生存和发展的重要条件。"穿二江成都之中",使成都城市有了充足的水源,生活用水和生产用水能够得到最大程度的满足。由于不断地治理和改造,成都平原的水利系统日臻完善,农业生产条件的改变,使成都平原的农业经济出现了较大发展,成为中国最著名的农业生产区,水旱不饥,号称"天府之国"。

4500多年来,成都人敢于与天斗、与地争,为建设自己美好的家园而努力开拓创新。几千年来,成都人创造了多个世界第一和中国第一,如成都是世界上最早大规模开采井盐和最早开采使用天然气的城市,成都发明了世界上最早的丝织品蜀锦,成都印制了世界上第一张纸币"交子"。几千年来,聪慧的成都人善于学习,善于创新,一次又一次地打造美丽的新世界。正是他们的拼搏努力,成都才能始终充满活力,才能在多次遭到破坏后不断再生,从而一直保持着区域政治、经济、文化中心的优势地位,从汉代的"五都",到唐代的"扬一益二",再到当今的西南大都会,成都人一直在不断地学习、进步、创新。

自强不息,开拓创新,敢为人先,不仅是成都人民的精神反映,更是中华民族优秀精神的体现。中华五千年的历史文明,就是中华民族自强不息、开拓创新的结果。民族精神和国家精神,是成都城市精神的核心所在,因此成都城市精神必须要对此着重体现和弘扬。几千年来成都的发展充分展示了成都的

金沙歌舞剧　剧照二

创新创造精神,因而今天建设国家中心城市和世界文化名城进程中,更要把创新精神渗透到各项工作中去,贯穿到生活的方方面面。当下成都的创新能力正在科学技术、经济发展、文化建设等诸多方面取得新的突破。

2. 太阳神鸟体现了成都人"和谐包容,智慧诚信"的精神

金沙出土的太阳神鸟金饰图案上四只神鸟翱翔飞舞逐日,展示出祥和、富贵的气息,是成都人团结一致、目的明确、和谐包容、乐观自信的象征。四只神鸟翱翔飞舞、环绕逐日,平衡中透着和谐,变化中透着包容,追逐中

透着团结，平静中透着自信，进取中透着乐观。这正象征着成都人团结一致、和谐包容、乐观自信的精神内涵。开放、包容，各种文化都可以在这里兼容并蓄，繁荣滋长。因此，成都塑造了精致但又不失大气大方、广博而又高雅的文化品位。

金沙歌舞剧　剧照三

以成都为中心的蜀文化形成和发展的过程就是各种文化不断碰撞融合的发展过程。成都从先秦以来，经历了几次大的移民，每次大移民都带来了新的文化因子，带来了朝气和活力。成都文化具有很强的包容性，成都人具有谦逊包容的特点。从数千年前的三星堆、金沙时期，到改革开放以来的新时期，成都文化无不体现出巨大的包容性，这是一个多元文化元素汇聚的城市。成都人较少有排外意识，这种包容谦逊的特点，与某些特大城市形成鲜明的对比。在多次进行的调查访问中，较多的外地被访问者都认同成都人的热情友好、乐于助人，以及成都人的包容性和亲和力。因而新时期的成都人更应该体现出一种雍容大度、包罗万象的精神面貌，只有不断地包容吸纳，只有保持乐观自信，成都才能越来越繁荣昌盛。

诚信成都，智慧成都，是新时代成都城市精神的重要内核。诚信智慧就是要在广大市民心中培养起一种新价值取向，即建立以社会公正、市场公正为基础的诚实信用价值取向。建设国家中心城市和世界文化名城，需要动员全体人民参与，需要培育每一个城市居民的时代使命感和责任意识。这种时代使命感和责任感来源于对祖国、对家乡、对城市的热爱，来自对家人、对

亲友的热爱，也来自对工作、对生活的热爱。

3. 太阳神鸟体现了成都人"热爱生命，乐观自信"的精神

太阳神鸟金饰图案细腻华丽，光芒万丈，神鸟昂扬引颈，绕日飞舞，追逐太阳、追逐光明、追逐理想，体现着成都人对生命的热爱、对美好生活的热爱和对远大理想的追求。

号称天府之国的成都，历来就是一座快乐之城，休闲之都。成都平原得天独厚的自然条件，使成都人享受了大自然的恩宠，同时也使成都人形成了热情开放、乐观向上、热爱生命、热爱生活的开朗性格。成都人既用自己的辛勤劳动和智慧创造了这座城市，同时也尽情地享受成都的美好。

成都人的"休闲"生活方式和生活态度曾经引起不同的看法，褒贬不一，有人认为成都人喜爱游乐，重视休闲生活，是一种消极的生活方式；但也有人认为这种喜爱游乐，重视休闲生活的生活方式是成都人的优点，应该发扬。

我们认为要辩证地看这个问题，要透过现象看本质。工作和休闲，拼搏和娱乐的关系是相辅相成的，所谓"文武之道，一张一弛"。通过工作可以过上更美好的生活，而为了更好的生活就必须努力工作。因而成都人重视休闲，喜爱游乐的实质就是成都人热爱生活、热爱生命、追求人生价值和实现快乐人生的一种精神体现。正是因为有了热情洋溢的生活观、生命观，以及祥和安定的生活环境，才形成了深厚浓郁的成都大众休闲文化，成都人才能过上祥和、时尚、悠闲的美好生活。同时我们也看到成都人工作的努力，改革开放以来，成都的快速发展，是同成都人的努力、拼搏分不开的。

1949年，成都人均GDP仅为77元。

1978年，全市人均GDP较1949年增加5倍多，为449元。

改革开放给成都经济插上了腾飞的翅膀，1985年，全市人均GDP达到1000元。

1990年，全市人均GDP较1985年翻了一番，达到2123元。

1997年成都市的国内生产总值为1010亿元，比上年增长11.5%，增长高于全国和全省平均水平，与1988年相比，增加了633%，是年成都人均GDP为10254元，首次突破万元大关。

1998年，成都市社会经济综合实力跃居第8位，仅次于上海、北京、天

津、重庆、广州、深圳、杭州。

2002年成都人均GDP为16239元。人均GDP的增长，推动了成都人生活水平的提高，一个突出的表现就是，2003年成都的私人汽车拥有量在全国大城市中居第三位。

2015年，成都"实现地区生产总值（GDP）10801.2亿元，按可比价格计算，比上年增长7.9%。其中，第一产业实现增加值373.2亿元，增长3.9%；第二产业实现增加值4723.5亿元，增长7.2%；第三产业实现增加值5704.5亿元，增长9.0%。按常住人口计算，人均生产总值74273元，增长6.6%。第一、二、三产业比例关系为3.5∶43.7∶52.8。全年一般公共预算收入1157.6亿元，比上年增长12.9%。其中，税收收入800.1亿元，增长3.3%。全年一般公共预算支出1468.4亿元，增长9.6%"①。成都的经济不仅发展较快，而且发展潜力巨大，不仅会是未来10年中国发展最快的城市之一，而且也会是全球经济增长最快城市之一。2016年，成都被提升为国家中心城市，成为中国城市体系中最顶层的城市，进一步强化西部地区重要的经济中心、科技中心、文创中心、对外交往中心和综合交通枢纽的功能建设，加快发展成世界文化名城。因此，成都在中国未来发展格局中居于更加重要的地位，发展前景十分广阔。

新中国成立70多年来，成都城市发生了巨大的变化，原因固然是多方面的，但是没有成都人的努力，也决然办不到。因而我们必须正确评估成都人，要发掘他们身上所蕴藏的潜力。

可以说，从璀璨的古蜀文明到丰富多彩的现代成都城市文化，从茶馆小憩的祥和到流畅时尚的动感，成都人始终追求着生活的品位和质量，追寻着生命的精髓和真理。正是一种热爱生命、快乐人生的精神推动着他们去创造，去追求，去生活。

（三）太阳神鸟的"神"与"形"

当我们在寻找成都精神时，"蓦然回首，那人却在，灯火阑珊处"。品读

---

① 成都市统计局：《2015年成都市国民经济和社会发展统计公报》，2016年5月23日。

神鸟，品味成都。原来太阳神鸟真的是为成都而生，为成都而存。太阳神鸟就是成都城市精神的图腾。太阳神鸟金饰图案构图简单，它主要是由中心的太阳及光芒和周边的四只飞鸟组成一个圆形的图案，给人一种动感、祥和、富贵和历史的美感，其形象容易让市民接受。同时太阳神鸟金饰出土于成都本地的金沙遗址，让成都市民有种归属感和自豪感，能从心底引发共

成都沙河　太阳神鸟雕塑

振和认可。太阳神鸟出土以来，在成都有着深厚的群众认知基础，成都人已经熟知太阳神鸟的形象，它常常融入成都人的生活之中、文化之中，成都市民对太阳神鸟形象十分认同和欣赏。

　　凤凰涅槃，浴火重生。神鸟起舞，天府重辉。

　　3000多年过去了，岁月的流逝并没有使成都变老，她反而更加年轻，韵味十足，充满青春活力。"中国第四城""来了就不想走的城市""休闲之都""国家中心城市""三城三都"等，让成都与各种光环美誉看上去都是那样的浑然天成。

　　成都是一座弥漫着智慧、充满着动感、洋溢着活力、传承和保护着传统、维持着团结与和谐、实现着梦想的城市。只有这样的城市才足以孕育出独一无二的太阳神鸟。

　　"九天开出一成都，万户千门入画图。"昔日，"天府"美名扬天下；而今，太阳神鸟展翅迎客，成都的魅力因此有了更多的意蕴。

后　记

　　呈现在读者面前的这本小册子，是一本关于成都金沙遗址出土的太阳神鸟与太阳崇拜的普及读物，并非学术著作，只是一点学习体会，与读者分享。

　　太阳神鸟，是成都金沙遗址出土的一件国宝级文物，当它被发现之日起，就引起世人的关注和赞美。而当太阳神鸟被中国国家文物局定为中国文化遗产标志，并随神舟飞船进入太空之后，更是受到全世界的注目。太阳神鸟不是一件简单的工艺品或文物，而是古蜀历史悠久和文明高度发达的象征，承载着古蜀先民的智慧和思想。关于太阳神鸟的前世今生有很多猜想和推测，但无论怎样说，都与太阳崇拜有着密切的关系。太阳，是太阳系中散发出巨大热能、光芒的中心天体，地球等太阳系行星都围绕太阳公转。地球是太阳系中唯一有生命的星球，而地球上的生命体都离不开太阳的热能和光亮，正是太阳光照射到地球上，才维持着地球地表的温度和大气水体运动及生物活动。人类从蒙昧时代进入野蛮时代，再进入文明时代，都一直感受到太阳的伟大和恩赐，因而凡是有阳光照射的地方就有着太阳崇拜，这是全世界共同的文化现象。成都金沙太阳神鸟则是众多太阳崇拜的一个集中表现。因而不能孤立地看待金沙太阳神鸟，应将它放在整个人类文明进程中来进行解读，以此来认识人类文明发展进程的共性和特征。

　　早在 2005 年，成都金沙遗址博物馆还在修建过程中，时任馆长、著名考古学家王毅先生就曾与我多次谈到太阳神鸟所承载的人类共同的文化现象，希望我带领学生对此进行探讨。我对考古学完全是门外汉，对古蜀文明也只是一知半解，不过为了研究成都城市的起源，也多少学习了一些相关知识，并对太阳神鸟十分关注，对太阳崇拜也略有了解，故而在好奇心的驱动下也就率领几位学生一起收集相关资料，准备进行研究。但是，要对此一问

题进行深入研究不是想象中的那么简单和容易，故而此一学术活动进行了一半就停顿下来了，剩下一堆资料和不成形的初稿放在电脑里。但有关古蜀文明和太阳神鸟的思考一直在脑海中挥之不去。近年来，随着对成都城市历史起源研究的推进，对相关问题的认识更加深入，对太阳神鸟和太阳崇拜的研究情结一直在心中悬系。

2017年，中共成都市委倡导"传承巴蜀文明，发展天府文化"。2018年，成都市社科联组织编写一套天府文化系列丛书，故而受其启发，从电脑的文件堆中翻出十余年前所收集的有关太阳神鸟的资料进行梳理，不过这次不再准备进行系统的学术研究，而是在原有资料的基础上，写一本普及性的小册子，力求将太阳神鸟与太阳崇拜放在人类文明进程中加以考察，不仅对成都金沙太阳神鸟进行文化解读，而且也对中国各地的太阳崇拜及世界主要地区和民族的太阳崇拜进行文化解读，希望能让读者对人类早期文明和太阳崇拜有一定程度的了解。

本书由于是普及性读物，参考了部分专家学者的研究成果，有的直接引用原文，都做了资料来源注释，有的未直接引用，故就未加注释，特在此说明，敬请理解。

参加本书资料收集和部分初稿撰写的人员，既有早已毕业参加工作的硕博士研究生，如文烨、丁小珊、龚小雪等；也有在读博士研究生，如廖羽含、崔峰等，他们为本书的撰写做了不同的贡献。我作为全书的负责人和主要撰稿者，对本书也花了不少精力和心血。虽然是普及性读物，但其写作难度不亚于学术专著，限于知识和学术水平，本书定有不少错误或不当之处，还望方家不吝指出，以便有机会修改。

何一民
2019年11月20日